Mauritius Kloft / Gerhard Starke

Die Morde von Remagen

Die Jagd auf den Schwerverbrecher Dieter Zurwehme

Während sich die beschriebenen Taten alle so zugetragen haben, wurden die Namen der Opfer aus personenrechtlichen Gründen geändert.

Alle Nutzungsrechte dieser Ausgabe bei
Gardez! Verlag Michael Itschert
Richthofenstraße 14
42899 Remscheid
www.gardez.de

Verlag Christoph Kloft
Südstraße 5
56459 Kölbingen
www.christoph-kloft.de

Lektorat und Korrektorat
Christoph Kloft und Anna Teixeira Bosch

Satz und Umschlaggestaltung
Maximilian Kloft

Titelfoto
Mauritius Kloft

Druck
CPI, Leck. Printed in Germany.

Originalausgabe, 1. Auflage 2017

ISBN 978-3-89796-273-6

Die Morde von Remagen

VORWORT

Am Anfang dieses Buches stand der Anruf eines jungen, aufgeschlossenen Mannes:
Mauritius Kloft, Journalismus-Schüler und Student aus dem Westerwald.
Sein Interesse galt der Person Dieter Zurwehme und den Taten, die dieser Anfang 1999 in Remagen verübt hat.
Gerne habe ich mich mit ihm intensiv darüber ausgetauscht.
Der junge Mann hatte alles zusammengetragen, was man aus den Medien erfahren konnte. Jedoch wollte er darüber hinaus von mir wissen, wie ich selbst diesen Vierfachmord erlebt habe. Eine Frage folgte der anderen: Wie hat sich Zurwehme im Rahmen seiner monatelangen Flucht verhalten? Wo hat er sich aufgehalten und welche Straftaten hat er auf der Flucht begangen?
Wie genau sind die Ermittlungen abgelaufen? Wie ist Zurwehme bei seinen Vernehmungen aufgetreten – hat er in den Gesprächen mit mir zum Beispiel Reue gezeigt?
Wie gehen die Polizeibeamten mit den körperlichen und seelischen Belastungen um?
Wie lässt sich so etwas verkraften?

Ausführlich habe ich ihm Rede und Antwort gestanden. Dann kam die Idee auf, uns in Remagen zu treffen und dort die Tatorte anzusehen. Gesagt, getan: Einen Tag lang habe ich Mauritius Kloft an die Plätze des grausamen Geschehens geführt und ihm erklärt, was sich dort abgespielt hat. Wichtig war uns, den Leserinnen und Lesern in dem vorliegenden Text mehrere Aspekte nahezubringen: Zuerst natürlich die Leiden der Opfer. Dann die Torturen, denen die Mordermittler ausgesetzt sind. Und nicht zuletzt die zunehmende Brutalisierung des Täters.

Mauritius Kloft und mir ging es darum, das Geschehen so authentisch wie möglich darzustellen. Die Realität ist oftmals viel härter als das, was sich Krimiautoren ausdenken können. Trotzdem finde ich es gut und wichtig, der breiten Öffentlichkeit Einblicke in diese harte Realität zu gewähren in der Hoffnung, dass es so gelingen möge, mehr Verständnis für die Arbeit der Polizei zu erreichen und mit diesem Buch vor allem den Opfern ein bescheidenes Denkmal zu setzen.

Gerhard Starke, Kriminalhauptkommissar a.D.

Remagen, Frühjahr 1999: Im Schlafzimmer eines Mehrfamilienhauses liegt eine Frau, die aus vielen Wunden im Gesicht und Oberkörper blutet. Sie ist nicht ansprechbar. Ob sie überleben wird, ist mehr als fraglich. Die Polizisten, die die Verletzte finden, rufen aus dem gegenüberliegenden Krankenhaus sofort Rettungskräfte herbei.

Im Bad finden die Beamten wenig später zwei blutüberströmte Leichen. Die eine, ein älterer Mann, liegt bäuchlings in der Badewanne. Hände und Beine sind mit Klebeband gefesselt. Augen und Mund sind mit demselben Band zugeklebt.

Am Hals und Oberkörper klaffen große Wunden.

Bei der zweiten Leiche handelt es sich um eine Frau Ende fünfzig, die ebenfalls mit Klebeband gefesselt ist.

Auch sie hat große klaffende Wunden am Hals und im Oberkörperbereich. Die Tote liegt in einer großen Blutlache.

Die gefliesten Wände, der Boden, die Badewanne, alles ist voller Blut. Zum Teil scheint das Blut schon angetrocknet.

In einer Villa am Rhein liegt ein weiterer Toter. Er ist auf den Bauch gedreht, sein Körper zum Teil mit Bauschutt bedeckt. Über dem Toten ist ein geöffneter Regenschirm aufgestellt. Der Mann ist jenseits der siebzig und hat eine große Wunde am Hals.

Frühling 2017.
Gerhard Starke will mich vom Bahnhof in Remagen abholen. Ich bin gleich von Köln hierher gekommen, wo ich eine Ausbildung zum Journalisten absolviere.
Auf der Fahrt habe ich mir schon Gedanken gemacht. Ein wenig Respekt habe ich auch: Ich werde gleich einem der Jäger von Dieter Zurwehme begegnen. Ein „deutscher Gewaltverbrecher“ steht in meinen Unterlagen, ein Fünffachmörder. Einer der größten Kriminalfälle der deutschen Nachkriegsgeschichte. Im März 1999, also vor 18 Jahren, hat Zurwehme hier in Remagen vier Menschen, zwei Ehepaare, umgebracht. Er saß wegen anderer Verbrechen im Gefängnis und war von einem Haftausgang nicht zurückgekehrt. Nach den Morden von Remagen folgte eine monatelange Jagd quer durch Deutschland. Immer und immer wieder konnte Zurwehme den Polizisten entkommen.
Was für ein Typ ist dieser Mann?
Was geht in dem Hirn eines Mörders vor?
Wie tickt so jemand?
Fragen, die mich beschäftigen, als ich aus dem Zug steige.
Ich hoffe, dass mein Treffen mit dem ehemaligen Kriminalhauptkommissar Starke Aufschluss darüber geben kann. Ich hoffe, dass ich einen Einblick bekomme in den Menschen „Zurwehme“. Und was macht ein solcher Fall eigentlich mit dem Polizisten, der ihn monatelang jagte?
Damals war ich nicht einmal vier Jahre alt, konnte also noch nichts davon mitbekommen. Doch ich stelle es mir beängstigend vor, immer wieder diese Meldungen in den Nachrichten: Mord, Vergewaltigung, Raubüberfälle, wann wird Zurwehme endlich gefasst? Der Täter war schier überall und doch nirgendwo. Kein Tag ohne eine Schlagzeile zu Remagen.

Wann würde die Jagd endlich zu Ende sein?
Und heute treffe ich den Mann, der maßgeblich daran beteiligt war, dass Zurwehme schließlich hinter Schloss und Riegel kam.
Ich bin auf Gerhard Starke gekommen durch seine Bücher, in denen er zahlreiche authentische Kriminalfälle festgehalten hat. Ich habe auch schon einige Male mit ihm telefoniert. Dabei wollte ich wissen, was seine Motivation war, Polizist zu werden. Die Antwort war recht ausführlich: „Nach der Schule erlernte ich den Beruf des Keramikdrehers. Ich komme aus dem Kannenbäckerland, da war das nicht ungewöhnlich. Später wollte ich Keramikingenieur werden. In dieser Zeit begleitete ich meine Großmutter gelegentlich zu einem alten Schulkameraden. Eines Tages war dessen Sohn anwesend, der Polizeibeamter war. Er wies mich auf die gesundheitlichen Risiken in der Keramikindustrie hin und schlug mir vor, mich ebenfalls bei der Polizei zu bewerben. Der Mann schwärmte in den höchsten Tönen von seinem Beruf. Ich überlegte: Ich zur Polizei? Ich, derjenige der dem Nachbarn Äpfel gestohlen hatte? Ich, der mit großem Vergnügen in Mehrfamilienhäusern Klingeljagd gespielt hatte? Ich versuchte es trotzdem und wurde angenommen. Drei Jahre Ausbildung und ich war Polizist. Stolz trug ich sechs Jahre meine Uniform. Unfallaufnahmen, Streifenfahrten, Familienstreitigkeiten, Schlägereien, Einbruchsdiebstähle, Gaststättenkontrollen, Lebensmittelkontrollen. Ich vergesse nie die berühmt-berüchtigte ‚Hackfleischverordnung': Hackfleisch durfte nur an dem Tag verkauft werden, an dem es hergestellt war. Darauf hatten wir zu achten. Doch das war eigentlich nicht das, was ich mir gewünscht und vorgestellt hatte.
Ich bewarb mich zur Kriminalpolizei in Koblenz. Wieder eine Ausbildung, 18 Monate und ein Kriminalfach-

lehrgang. Jetzt war ich Kriminalbeamter, keiner erkannte mich, wir trugen keine Uniform und fuhren mit zivilen Fahrzeugen.
Während dieser Zeit musste ich auch zur Mordkommission. Ein interessantes Feld. Aufgrund Personalmangels und mehrerer Tötungsdelikte durfte ich dort länger bleiben als vorgesehen.
Ich war absolut begeistert von dieser Arbeit, und mein Entschluss stand rasch fest: Ich wollte nach der Ausbildung zur Mordkommission. Und so kam es auch."
Starke ist heute Anfang siebzig und damit etwa im Alter von Dieter Zurwehme. Dabei könnten die beiden Lebensläufe unterschiedlicher kaum sein. Während, wie ich gelesen habe, das Leben Zurwehmes aus unterschiedlichen Diebstählen, Vergewaltigungen und Morden bestand, hat sich Starke es zum Ziel gemacht, genau solche Straftäter hinter Gitter zu bringen. Der Jäger und der Gejagte, zwei Menschen, deren Wege sich hier in Remagen zu kreuzen begannen.
Als ich aus dem Bahnhofsgebäude in Remagen trete, sehe ich eine graue Geländelimousine. Starke hat mir das Auto vorher am Telefon beschrieben und sein Kennzeichen durchgegeben.
Er steht dort, wo sonst nur Taxis halten.
Die Sonne ist an diesem Tag nicht zu sehen, es beginnt zu regnen.
Ich beeile mich, will Starke nicht warten lassen. Er ist ausgestiegen und lehnt an seinem Wagen, der Blick ist zu mir gerichtet. Er hält mir seine Rechte entgegen, begrüßt mich freundlich – ein unkomplizierter Typ. Es folgt ein wenig Smalltalk, ich sage ihm, dass ich das erste Mal in Remagen bin, er dagegen lacht und meint, dass er sich hier aus bestimmten Gründen ein wenig auskennt.

Starke schlägt vor, dass wir in ein Café gehen, denn der Regen wird stärker. Ich bin einverstanden, die Tatorte können wir dann immer noch besuchen. Er parkt noch rasch seinen Wagen um, weil er keinen Strafzettel riskieren will, und wir gehen zu Fuß zu einem Eiscafé in unmittelbarer Nähe des Bahnhofs.

„Hier befinden wir uns sozusagen genau zwischen den beiden Tatorten", sagt Starke, als wir sitzen. Er breitet Unterlagen auf dem Tisch aus. Ganz auf seine Erinnerung will er sich nicht verlassen. Dann fragt er mich nach meinem Wissensstand. Ich fasse kurz zusammen, was ich recherchiert habe: Dass hier ganz in der Nähe vor fast zwei Jahrzehnten zwei Ehepaare auf bestialische Weise umgebracht wurden. Dass sich eine wohl einzigartige Verfolgungsjagd durch ganz Deutschland anschloss und dass der Täter schließlich recht unspektakulär gefasst wurde.

„Natürlich fehlen mir die Details", schließe ich.

„Deshalb sind wir heute hier", sagt der ehemalige Kommissar ruhig.

Ich bitte ihn zu erzählen. Starke holt Luft und fängt an:

„Der 21. März 1999 war ein trockener, von der Temperatur her recht angenehmer Tag. Weil Sonntag war, nutzten auch in Remagen viele Menschen das Wetter zu einem Spaziergang. Einige besuchten ihre Angehörigen im Krankenhaus. Nicht weit davon stehen noch heute mehrere zweigeschossige Mehrfamilienhäuser.

Gegen 17.00 Uhr wurden Passanten darauf aufmerksam, dass aus einem Fenster in der zweiten Etage Gegenstände geworfen wurden. Unmittelbar nacheinander fielen ein Fernsehgerät, ein Regalbrett und ein Korb auf die Straße. Zum Glück wurde niemand getroffen. Die staunenden Menschen sahen nach oben: An dem geöffneten Fenster stand eine etwa 60-jährige Frau, die wild mit den

Armen gestikulierte. Seltsamerweise gab sie dabei nicht einen einzigen Laut von sich, sondern blieb vollkommen stumm.
Dann verschwand die Frau wieder, ließ das Fenster aber offen. Ein Teil der Passanten ging achselzuckend weiter. Einige, die gesehen hatten, wie die schwer verletzte Frau versuchte, auf sich und die bedrohliche Situation aufmerksam zu machen, verständigten nach kurzer Überlegung die Polizei. ‚Da kann ja etwas nicht stimmen', werden sie sich gedacht haben.
Es dauerte nicht lange, bis zwei Polizeibeamte am Tatort waren.
Die Passanten schilderten noch einmal ihre Beobachtungen, ein Kollege begutachtete das Wurfmaterial. Eine Erklärung für das Geschehen fand sich hier noch nicht. Sie fuhren zu dem Anwesen. Die Haustür war geschlossen.
Auch nach Betätigung aller Klingelknöpfe reagierte niemand.
Aber es musste doch jemand im Haus sein.
Im Hof stand ein Auto, das die Kollegen überprüfen ließen. Die Anfrage ergab, dass der Wagen einer Familie Sauer gehörte. Auf ihren Namen war ein weiteres Fahrzeug zugelassen, ein Kleintransporter der Marke Citroën Berlingo. Die Beamten brachen jetzt die Haustür auf. Sowohl im Parterre als auch in der ersten Etage blieb das Klingeln ohne den gewünschten Erfolg.
Niemand öffnete.
Die Wohnung, aus der die Gegenstände geworfen wurden, befand sich in der zweiten Etage. Das Klingeln hier und laute Rufe blieben ebenfalls ohne Resonanz."

Vordergründig macht Gerhard Starke einen abgeklärten Eindruck, als er mir berichtet, was damals hier in Remagen geschehen ist. Fast könnte man meinen, ihm gehe das, was er erzählt, nicht besonders nahe. Er bemüht sich um eine nüchterne Sprache, die mich manchmal an einen Polizeibericht erinnert. Ab und zu aber gewinnen die Gefühle die Oberhand, und dann verlässt er diese sachliche Ebene. Allein schon, dass er sich an jedes Detail erinnert, zeigt mir, wie sehr ihn das Geschehen von damals wohl mitgenommen hat.

„Die Kollegen waren äußerst angespannt, die Vorsicht wuchs. Es war davon auszugehen, dass eine Straftat vorlag. Aber was war geschehen? Die Wohnungseingangstür war verschlossen. War hier jemand in Not? Befand sich möglicherweise ein Täter noch im Objekt?
Für alle Fälle gerüstet, hatte ein Kollege seine Waffe gezogen, während der andere die Wohnungstüre aufbrach.
Als die Tür offen war, hielten die Beamten inne und lauschten.
Waren Geräusche zu hören?
Der zweite Beamte zog ebenfalls seine Waffe.
Nichts war zu hören in der Wohnung, kein Rufen, kein Stöhnen, nichts.
Mit der gebotenen Vorsicht öffneten sie die erste Tür.
Für den Bruchteil einer Sekunde hielten sie wieder inne. Sie waren im Schlafzimmer und standen vor einem blutdurchtränkten Bett.
Erst jetzt sahen sie eine Frau unterhalb des geöffneten Fensters liegen.
Ihre Kleidung war rot vor Blut. Ein Kollege telefonierte mit einem Arzt aus dem gegenüberliegenden Krankenhaus, während der zweite Kollege am Handgelenk nach dem Puls fühlte. Der Puls war nur noch ganz schwach wahrnehmbar. Am Hals konnte er nicht nach dem Pulsschlag fühlen, denn

hier befanden sich mehrere klaffende Wunden, aus denen ein kleines Rinnsal an Blut austrat. Die Frau reagierte auf Ansprache nicht mehr. Sie war bewusstlos.
Die Kollegen verständigten sofort den Rettungsdienst. Sie blieben unterdessen bei der schwer verletzten Frau, denn ihre Rettung hatte Vorrang vor der weiteren Durchsuchung der Wohnung. Sehr schnell erschien ein Arzt aus dem Krankenhaus, das, wie du gesehen hast, praktisch auf der anderen Straßenseite liegt. Er übernahm die Erstversorgung und organisierte den Transport ins Krankenhaus. Als der Arzt die Wohnung verließ, äußerte er, dass die Überlebenschancen der Frau sehr schlecht waren.
Nach ihrem Abtransport machten sich die Polizeibeamten an die weitere Durchsuchung der Wohnung. Mit den Waffen in den Händen und unter höchster Konzentration gingen sie zu den restlichen Zimmern. Immerhin konnte sich der Täter noch in der Wohnung befinden.
Eine Tür war vom Flur her abgeschlossen, der Schlüssel steckte im Schloss.
Mit einer Drehung des Schlüssels ließ sich die Tür öffnen.
Sie standen am Eingang zum Badezimmer. Ihre wegen der Anspannung leicht gerötete Gesichtsfarbe wechselte in diesem Augenblick auf aschgrau, ein tiefes Durchatmen folgte, dann ein leises ‚Mein Gott!‘: In der Badewanne lag eine männliche Person auf dem Bauch, neben der Badewanne eine weibliche Person, ebenfalls auf dem Bauch. Bei beiden Personen waren die Beine gefesselt. Die Badewanne, die Wand- und Bodenfliesen waren großflächig mit Blut verschmiert. Alles war voller Blut. Wie in einem Schlachthaus.
In Gesicht und Hals der leblosen Personen waren eine Vielzahl von großen klaffenden Wunden erkennbar. Bei beiden waren keine Pulsschläge mehr feststellbar.

Sie waren tot. Die Beamten verständigten erneut den Notarzt. Wieder war er sehr schnell da und konnte in diesem Fall nur noch den Tod der beiden Personen feststellen. Die ahnungslosen Opfer waren offenbar überrascht worden, als sie gerade essen wollten. Auf dem Küchentisch standen zwei leere Teller, die Töpfe mit Essen waren noch auf dem Herd.

Den Polizisten blieb vorerst nichts anderes, als den Tatort großräumig abzusichern, und uns, die Kollegen der Mordkommission Koblenz, zu verständigen. Gleichzeitig stellten sie die Namen des Ehepaares fest, das in der Wohnung gelebt hatte: Anneliese und Rudolf Sauer. Die Leute wohnten nur zum Übergang in dem Mehrfamilienhaus, denn sie hatten ihr Haus verkauft und wollten bald in eine Villa am Rhein ziehen, die aber renoviert wurde und noch nicht fertig war. Auch bei dem anderen Paar, Magdalena und Georg Braun, handelte es sich um gutsituierte Leute, wie sich später herausstellte: Sie besaßen ebenfalls ein Eigenheim, der Mann hatte mit seiner Frau lange Jahre ein Fuhrunternehmen geleitet.

Über die Meldedaten konnten auch die ersten Angehörigen ermittelt werden."

Starke stockt bei seiner Erzählung. Es fällt ihm sichtlich schwer, weiterzureden. „Ich habe bei unserem Eintreffen mit den Kollegen gesprochen", sagt er. „Sie waren völlig am Ende. Als Streifenpolizisten hatten sie zwar auch schon mit dem Fund von Leichen zu tun. Doch so ein Tatort war etwas völlig Neues – auch für uns.

Schnell konzentrierten sich die Beamten wieder und durchsuchten die restlichen Räume. Sie fanden keine weiteren Opfer.

Eine gewaltige Last schien ihnen von den Schultern zu fallen. Es war schon genug Leid in diese Wohnung gebracht worden, dachten sie sich. Was sie allerdings gleich belastete: Vom Täter fanden sie keine Spur. Er schien sich in Luft aufgelöst zu haben. Der oder die Täter waren geflohen, bevor die Polizisten eintrafen. Und sie hatten auf den ersten Blick auch keine Spuren hinterlassen. Doch das musste die Spurensicherung klären. Vielleicht hatten die Täter ja doch etwas hinterlassen, anhand dessen man sie identifizieren konnte."

Ich frage Gerhard Starke, wie ihn die Nachricht von den Morden damals erreicht hat. Immerhin war Sonntag und damit eigentlich Freizeit angesagt.

„Als mein Telefon klingelte, war mir sofort klar, dass schon wieder ein Wochenende vorzeitig zu Ende war. Es war vielleicht 17.00 Uhr. Ich wollte mir mit meiner Familie eigentlich einen gemütlichen Abend vor dem Fernseher machen. Doch es kam anders. Als Kriminalpolizist in der Mordkommission bist du rund um die Uhr im Einsatz – du musst immer auf das Schlimmste vorbereitet sein. Der Krimi, den ich am Abend sehen wollte, wurde von der Realität weit übertroffen."

Er macht wieder eine kleine Pause. Die Eindrücke von damals scheinen wieder voll präsent zu sein. Ich schweige ebenfalls und warte, bis der frühere Kommissar von sich aus fortfährt.

„Die ersten Mitteilungen der Polizei aus Remagen ließen mich bereits erahnen, dass die Kollegen und ich nicht nur den Abend, sondern auch die kommende Nacht nicht zu Hause verbringen würden.

Wegen der besonderen Größenordnung des Falles – ein Doppelmord und eine schwer verletzte Person, die um ihr Leben rang, – wurden sämtliche Mitarbeiter der Mordkommission zusammengerufen.

Ich wusste, dass wir jeden kühlen Kopf brauchten. Zum routinemäßigen Ablauf gehörte, dass die Spurensicherung alarmiert wurde. Die Kollegen hatten das bereits getan und durchgegeben, dass die Experten direkt zum Tatort kommen sollten.

Kurze Zeit später waren alle in Remagen versammelt. Wir Ermittler legten die Schutzanzüge an, damit wir keine Fremdspuren verursachten, und betraten die Wohnung. In die Tatzimmer gingen wir nicht, sondern warfen nur einen Blick hinein. Auch wenn wir schon einiges gesehen hatten, so stellten sich uns doch die Haare zu Berge. Da nutzte alle Routine nichts, beim Anblick der entsetzlich zugerichteten Leichen und der Nachricht, dass die verletzte Frau im Krankenhaus keine Chance hatte, fiel es uns schwer, die Fassung zu bewahren. Meine Gedanken kreisten nur um zwei Fragen: ‚Welche Bestien haben hier gewütet?' ‚Warum tut jemand so etwas?' Dann war da plötzlich ein Gefühl von Ohnmacht: ‚Warum können solche furchtbaren Verbrechen nicht verhindert werden?' ‚Wird es am Ende überhaupt gelingen, die Täter, die für dieses Gemetzel verantwortlich sind, zu fassen?'

Die Begrüßung fiel relativ knapp aus. In eine solche Situation und bei so einem Tatort passt einfach kein Smalltalk. Schnelles Handeln war angesagt.

Uns war daran gelegen, dass wir möglichst rasch in die Örtlichkeiten eingewiesen wurden, was die Streifenpolizisten, die zuerst am Tatort gewesen waren, dann auch übernahmen. Ich erinnere mich an ihre Gesichter, in denen noch immer das blanke Entsetzen geschrieben stand. Auch ich hatte zu dem Zeitpunkt schon vieles gesehen, aber so etwas wie das hier ..."

Starke schüttelt sich heftig. „Da wünscht man sich nur noch einen Bürojob."

„Das kann ich mir vorstellen", sage ich etwas hilflos.
Der pensionierte Kommissar hält einen Moment inne und holt tief Luft. Die Bilder sind ihm wieder genau vor Augen, und er muss sich sammeln, bevor er noch einmal auf den grauenhaften Anblick kommt, der sich den Polizisten in der Wohnung bot: „Alles war voller Blut. Da passte wirklich nur das Wort ‚Schlachthof'!"
Er macht wieder eine Pause, und ich lasse ihm die Zeit, die er braucht. Starke schüttelt erneut den Kopf, als wolle er so die schrecklichen Bilder vertreiben.
"Aber egal: Es muss ja Leute geben, die diese Arbeit machen. Wir versuchten dann auch, das Geschehen nicht zu sehr an uns herankommen zu lassen, als wir uns einen kurzen Überblick über die Situation in der Wohnung verschafften.
Dabei achteten wir selbstverständlich darauf, keine Fremdspuren zu verursachen. Das hätte die Ermittlungsarbeit nur unnötig erschwert.
Hilfreich dafür sind Schutzüberzüge an den Schuhen. Wir hüteten uns ohnehin, die Tatzimmer zu betreten. Lediglich von den Türen aus haben wir in das Innere der Zimmer geblickt – und das ganze Ausmaß des Grauens gesehen.
Dann wurden die Aufgaben verteilt. Die Beamten der Spurensicherung machten sich an die Arbeit."
„Die Spusi", werfe ich ein, als er eine kleine Pause macht.
„Dieser Ausdruck kommt nicht von der Polizei. Er wurde im Laufe der Zeit von den Fernsehkrimis geprägt", erklärt mir Starke. „Die brauchen ja für alles Abkürzungen, damit es sich echter anhört. Offiziell heißt die Spurensicherung Erkennungsdienst."
Ich muss grinsen: Wieder etwas gelernt.
„Zur Routine gehört auch, dass das Haus, in dem die schrecklichen Taten verübt wurden, großräumig durch so-

genanntes ‚Flatterband' abgesperrt wurde. Das ist das rot-weiße Plastikband, das du von den Krimis kennst. Die Kollegen machten Videoaufnahmen vom kompletten Anwesen und insbesondere der Wohnung. Im Schlafzimmer und im Bad schossen sie Übersichts- und Detailaufnahmen. Wichtig war ebenfalls, dass sie fotografisch dokumentierten, welche Spuren sie am Tatort sicherten. Diese konnten sie dann später leichter zuordnen.

Schon jetzt zeichnete sich ab, dass die Spurensicherung mehrere Tage dauern würde. Eine Vielzahl von Spuren waren zu begutachten und für die Ermittlungen zu bewahren, um sie mit den technischen Möglichkeiten später auszuwerten.

Leider waren die Erfolgsaussichten nicht sehr groß: Der oder die Täter hatten, wenn überhaupt, nur wenige Spuren am Tatort hinterlassen. Das wurde den Beamten vom Erkennungsdienst schnell klar, sie brachten schließlich genügend Erfahrung aus anderen Fällen mit.

Die Kollegen konnten außerdem nicht ausschließen, dass bei der Tat Handschuhe getragen worden waren.

Den Beamten der Spurensicherung wurde an diesem Tatort einiges abverlangt. Der Geruch von geronnenem Blut wurde immer stärker, die Wohnung war relativ klein, und einer Vielzahl von Spuren und Hinweisen war nachzugehen. Das erschwerte die Arbeit nochmals sehr.

Ich weiß, wie mitgenommen wir alle waren von den Bildern, die sich uns in dieser Wohnung boten. Und die Leute vom Erkennungsdienst waren dazu verdammt, am Tatort zu bleiben und jedes noch so furchtbare Detail unter die Lupe zu nehmen. Wir dagegen hatten das Glück, nicht länger als nötig dableiben zu müssen.

Fragen über Fragen warfen sich auf: ‚Was mag sich hier zugetragen haben?'

‚Was für eine Bestie hat hier gewütet?' ‚Wieso bringt jemand zwei Menschen um und verletzt einen weiteren lebensgefährlich?'

Wir Mordermittler begannen damit, das Umfeld der Opfer zu erkunden und Zeugen zu gewinnen. Anhand der Personenbeschreibungen konnte definitiv geklärt werden, wer die Toten waren.

Bei dem ermordeten Ehepaar im Bad handelte es sich um den Bruder und die Schwägerin der schwerverletzten Mieterin. Die Eheleute waren an diesem Mittag noch zusammen essen gegangen. Wir konnten schnell ermitteln, dass in dem Fall Fund- und Tatort identisch waren, das Ehepaar also im Bad ermordet worden war.

Herr Sauer war zur Tatzeit offenbar nicht in der Wohnung gewesen. Von den Mitbewohnern, die an diesem Nachmittag offensichtlich ebenfalls nicht im Haus gewesen waren, konnten wir in Erfahrung bringen, wo die Villa war, die er mit seiner Frau gekauft hatte. Das Haus werde derzeit renoviert, sagten die Zeugen, der 71-Jährige sei täglich dort, um nach dem Rechten zu sehen.

Da die Vermutung nahelag, dass Herr Sauer in der Villa war, machten ein Kollege und ich uns schnell auf und fuhren zu der angegebenen Adresse.

Während der Fahrt sprachen wir kaum miteinander. Wir waren auf das Schlimmste vorbereitet.

Schnell waren wir an Ort und Stelle. Wie du nachher sehen wirst, ist es nicht weit bis dahin. Dann lag die alte Rheinvilla vor uns. Dass sie renoviert wurde, war nicht zu übersehen. Wir hatten Glück, denn wir entdeckten an der Seite des Gebäudes eine provisorische Tür, die nur angelehnt war. Vorsichtig gingen wir ins Haus. Auch hier fielen die Renovierungsarbeiten ins Auge: Überall lagen Werkzeuge und Baumaterialien. Wir mussten in jedem Raum über die unterschiedlichsten Hindernisse steigen.

Wir riefen den Namen des Gesuchten: ‚Herr Sauer, Herr Sauer!' Leider erhielten wir keine Antwort. Unsere Anspannung nahm immer mehr zu. Wieder und wieder riefen wir den Namen – leider Fehlanzeige!

‚Herr Sauer, Herr Sauer, sind Sie hier? Herr Sauer?'

Wir wurden immer lauter – eine Antwort blieb jedoch nach wie vor aus.

Wir durchsuchten im Parterre Raum für Raum. Herr Sauer war einfach nicht zu finden.

Wir gingen dann ins Obergeschoss – wir waren auf alles gefasst! Als wir oben waren, sahen wir, dass hier Trockenbauarbeiten ausgeführt worden waren. Ansonsten das gleiche Bild wie unten: Werkzeuge und Baustoffe überall. Immer weiter arbeiteten wir uns durch die Baustelle. Nächster Raum, wieder Fehlanzeige. Kein Herr Sauer zu finden!

Doch plötzlich hatten wir ihn dann!

Auch wenn wir mit dem Schlimmsten gerechnet hatten, der Anblick traf uns so unvermittelt, dass wir wie angewurzelt stehenblieben, denn wir hatten mit einem Schlag die Gewissheit: Herr Sauer war tot! Der alte Mann lag auf dem Bauch, und sein Körper war teilweise mit Bauschutt bedeckt. Wir sahen gleich, dass da nichts mehr zu machen war. Ganz offensichtlich war er ebenfalls kaltblütig ermordet worden.

Ich fasste mich relativ rasch wieder und die Gedanken begannen zu rotieren:

Hatte der Täter ihn bewusst mit dem Schutt bedeckt, weil seine Kleidung mit der des Opfers in Berührung gekommen war? Wollte er so mögliche Faserspuren beseitigen? Wenn ja, dann kannte der Täter sich in der Materie aus. Dann

wäre er oder sie eine polizei- und justizerfahrene Person. Jemand, der bereits vor diesen Morden Verbrechen begangen hatte. Jemand, der vor nichts zurückschreckte.
Doch: Es war keine Zeit für voreilige Schlüsse. Diese hätten nur in die falsche Richtung geführt.
Solche Fragen hätte einzig und allein der Täter beantworten können. Täterwissen nennen wir das.
Neben dem Bauschutt fiel uns noch etwas anderes auf: Neben dem Körper des Toten stand ein aufgespannter Schirm. Ganz seltsam. Was sollte das?
Die Bedeutung war uns im Moment noch ein Rätsel.
Wir traten vorsichtig näher und sahen, dass die Leiche entsetzlich zugerichtet war: Auf der rechten Seite des Halses waren unzählige größere Stich- und Schnittwunden. Alles war voller Blut.
Es war ein schrecklicher Anblick, aber uns blieb nichts anderes, als ihn auszuhalten. Der Täter musste mit äußerster Brutalität und Kaltblütigkeit vorgegangen sein!
Herr Sauer hatte nicht die geringste Chance gehabt: Er war mit Klebeband gefesselt. Die Unterschenkel waren zusammengeschnürt – ebenso wie die Hände, die auf dem Rücken fixiert waren. Er hatte sich überhaupt nicht wehren können.
Der Täter musste ihn in diesem Zustand förmlich hingerichtet haben.
Auch der Kopf war mit dem Klebeband umwickelt. Mehrere Lagen davon waren auch über Augen und Mund des Toten geklebt.
Wir mussten uns von dem schrecklichen Anblick losreißen, um auch innerlich auf die nötige Distanz zu gehen. Ein kurzer Moment, in dem das ganze Grauen abgeschüttelt wurde, dann ging es mit dem routinemäßigen Ablauf weiter. Sogleich leiteten wir die nächsten Schritte ein: Erneut wurde

der Notarzt bestellt. Er musste den Tod von Herrn Sauer feststellen.
Die Kollegen der Spurensicherung wurden informiert. Der zweite Tatort wurde ebenfalls weiträumig abgesperrt und durch Polizeibeamte bewacht."
„Sie haben das wohl alles wieder ganz deutlich vor Augen?", frage ich, denn ich sehe, wie sehr den pensionierten Kriminalhauptkommissar seine Erzählung mitnimmt.
Starke nickt: „Ein solches Gemetzel hatte ich bis dahin noch nicht miterleben müssen. Auch wenn ich schon viele Tote gesehen hatte. Aber ich wusste schon in diesem Moment, dass mich diese Bilder bis in meine Träume verfolgen würden." Doch er wusste auch, dass die Routine die Oberhand behalten würde. Dazu war er einfach zu lange im Dienst. Dazu hatte er in seiner Laufbahn bei der Mordkommission zu viel gesehen.
„Wäre das mein erster Fall, dann hätte ich mich vielleicht übergeben müssen", sagt Starke. „Deshalb hätte ich großes Verständnis dafür gehabt, wenn einer der jungen Kollegen das jetzt getan hätte. Was uns hier zugemutet wurde, war schon fast unerträglich für einen Menschen."
Ob man im Laufe der Jahre nicht vielleicht etwas abstumpft, will ich wissen. In einem solchen Moment hätte das möglicherweise geholfen ...
„Abstumpfen ist das falsche Wort. Man geht routiniert zu Werke, bemüht sich um Abstand. Trotzdem bleibt einem so etwas nicht in den Kleidern hängen."
Und an diesem Tag kommt es besonders dick für die Mordermittler:
Die beiden gefesselten Leichen im Bad der ersten Wohnung. Überall das gleiche Verletzungsmuster: Riesige klaffende Stich- und Schnittwunden im Oberkörper, Hals und Gesicht. Überall Blut in der Badewanne, an den Wänden

und auf dem Fußboden. Das gleiche Bild im Schlafzimmer:
Das ganze Bett voller Blut, der Teppichboden bis hin zum Fenster und dann die Fensterbank, an der sich die schwer verletzte Frau abgestützt haben musste, als sie die Gegenstände aus dem Fenster geworfen hatte – Blut, überall Blut! Als ob das alles nicht schon genug wäre, finden sie dann noch die Leiche von Herrn Sauer! Offenbar ist der Mann in der Villa auf die gleiche Art und Weise wie die anderen Opfer ermordet worden.
„Es sah wirklich aus wie eine Hinrichtung", erinnert sich Starke. Er ist noch immer sichtlich mitgenommen von den Bildern, die in seinem Kopf ablaufen.
Dann schüttelt er sich wieder leicht und geht über zu dem ruhigen Tonfall, in dem er bis eben berichtet hat: „Wir alle waren geschockt. Der Anblick der Toten hatte uns mitgenommen und innerlich aufgewühlt. Doch wir wussten, dass Emotionen bei der Polizeiarbeit nicht weiterhelfen.
Wir hatten den Gedanken, dass der Täter mit einem riesigen Überlebensmesser zu Werke gegangen sein musste.
Fragen über Fragen schossen uns durch den Kopf.
Müssen das nicht mehrere Täter gewesen sein? Einer alleine kann doch so etwas nicht anrichten! Oder doch?
Aber warum begeht jemand eine solche Tat?
Wie lange haben der oder die Täter gebraucht, um ein solches Blutbad anzurichten?
Wer tut so etwas Bestialisches?
Was kann das Motiv sein, was treibt jemanden an, der solche Gräueltaten begeht? Die Fragen waren erdrückend, und wir kamen wirklich an unsere Grenzen.
Natürlich lag die Vermutung auf der Hand, dass es einen Zusammenhang zwischen den beiden Toten sowie der verletzten Frau in der Wohnung und dem Toten in der Villa gab.

Konnte es sein, dass sich ein solches Drama im Kreis der Familie abspielte? War vielleicht sogar dort der Täter zu suchen? Es wäre nicht das erste Mal gewesen, dass der Täter aus der unmittelbaren Verwandtschaft kam. War vielleicht ein familiärer Streit dermaßen eskaliert, dass gleich drei beziehungsweise letztlich vier Menschenleben ausgelöscht worden waren?
Die Kollegen vor Ort hatten die Anschriften der Angehörigen ermittelt. Es war nun die traurige Aufgabe von uns Kripobeamten, die Familien der Opfer zu benachrichtigen. Dies war keine einfache Sache. Ich selbst war nicht dabei, da zu dem Zeitpunkt gerade das Fluchtfahrzeug am Bahnhof gefunden worden war und ich zur Sicherstellung dorthin musste.
Manchmal nehmen die Beamten in solchen Fällen einen Geistlichen mit, was dieses Mal aber nicht der Fall war. Zu diesem frühen Zeitpunkt konnte nämlich noch nicht ausgeschlossen werden, dass es sich um ein Familiendrama handelte.
Hinterbliebene können auch Täter sein – dies durfte man nicht außer Acht lassen! Die Reaktion der Familienmitglieder auf die Todesnachricht musste genauestens beobachtet werden. Skepsis war im Umgang mit den Angehörigen angesagt. Als erfahrene Mordermittler mussten die Kollegen hinter der Emotionalität vielleicht auch falsche Betroffenheit entdecken – Misstrauen ist deshalb immer angebracht, auch wenn das noch so schlimm klingen mag.
In diesem Fall war es allerdings unbegründet, wie sich herausstellen sollte.
Nachdem diese schwere Hürde genommen war und sich nichts ergeben hatte, das auf einer Täterschaft innerhalb der Familie schließen ließ, gingen die Ermittlungen weiter. Natürlich lag es uns fern, einem Obduktionsergebnis vor-

zugreifen. Doch wir wussten, dass wir das Tatwerkzeug finden mussten. Und das konnten wir nur, wenn wir uns die Verletzungsmuster genau anschauten.
Wir hatten uns ausgetauscht und erste Schlüsse besprochen, die wir aus dem Tathergang ziehen konnten. Das Bild, was sich daraus ergab, war jedoch noch äußerst vage und zugleich aber auch sehr erschreckend.
Der Täter musste sich längere Zeit am Tatort aufgehalten haben. Das Fesseln und Knebeln der Opfer musste schon einige Zeit in Anspruch genommen haben. Wir gingen von mehreren Stunden aus. Folglich musste der Täter keine Angst gehabt haben, in dieser Zeit entdeckt zu werden. Er war seiner ‚Arbeit‘ kalt und professionell nachgegangen.
Zu diesem Zeitpunkt durften wir noch immer nicht unberücksichtigt lassen, dass es möglicherweise mehrere Personen gewesen waren, die die Taten begangen hatten. Dieser Gedanke war in diesem Stadium noch völlig zulässig. Völlig klar war uns allen in diesen Stunden nur, dass die Opfer sich verzweifelt gewehrt haben mussten. Sie mussten voller Panik gewesen sein. Was ihnen angetan wurde, hätte kein Mensch dieser Welt einfach so über sich ergehen lassen. Die Ängste, die sie durchlitten haben mussten, waren unvorstellbar!
Wir erkundigten uns im Krankenhaus nach dem Zustand der schwerverletzten Frau. Sie lag im Koma. Immer noch. Und der Erfolg einer Notoperation war fraglich. Niemand wusste, ob und wann sie das Bewusstsein wiedererlangen und ob sie jemals wieder ansprechbar sein würde.
Die nächsten Schritte wurden eingeleitet. Ich hatte die Staatsanwaltschaft informiert und die Rechtsmedizin in Bonn benachrichtigt. Die Leichen sollten am nächsten Tag obduziert werden.

Vorher wurden noch die Fingerabdrücke der Leichen gesichert.
Dies geschieht übrigens, damit sogenannte berechtigte Fingerabdrücke, solche also, die nicht von Fremden stammen, sondern von den Menschen, die hier ein- und ausgegangen sind, beim Abgleich ausgeschlossen werden können. Auch kann es – wenn auch sehr selten – vorkommen, dass die Polizeibeamten versehentlich Fingerabdrücke am Tatort hinterlassen. Aus diesem Grund sind deren Abdrücke beim Landeskriminalamt hinterlegt, damit man sie dann ebenfalls ausschließen kann.
Die Beamten der Spurensicherung gingen davon aus, dass Spuren des Täters an den Leichen zu finden waren. In diesem Fall waren Schlüsse möglich auf die Art und Weise, wie die Taten ausgeführt worden waren.
Deshalb wurden die Toten noch vor Ort genauestens untersucht. Ihre Fingernägel wurden geschnitten und gesichert. Sie sollten beim Landeskriminalamt auf Anhaftungen untersucht werden, die möglicherweise vom Täter stammten. Wenn es nämlich zu einem Kampf gekommen war, konnte es durchaus möglich sein, dass der Täter vom Opfer verletzt worden war. Dann hätten sich etwa Hautpartikel unter den Fingernägeln befunden, die weitergehend untersucht hätten werden können.
Bei der späteren Obduktion wurde die Kleidung der Opfer komplett sichergestellt und getrocknet. Danach wurde jedes Kleidungsstück mit einer speziellen Klarsichtfolie abgeklebt, um damit Haare, Fasern oder sonstige Anhaftungen zu sichern.
Fremde Haare konnten wichtige Spuren an den Leichen sein. Wenn diese vom Täter stammten, hätte man einen klaren Beweis in den Händen gehabt.
Außerdem musste das Blut an den Leichen gesichert

werden. Im Labor wurde dann untersucht, ob Fremdblut dabei war. Bei dem Verletzungsmuster, das sich uns im konkreten Fall bot, konnte es sein, dass sich der Täter ebenfalls verletzt hatte. Dieser Gedanke war keineswegs abwegig, da sich die Opfer ja gewehrt haben mussten. Dabei konnte sich der Täter durchaus selbst eine Schnittwunde zugezogen haben.

Wichtig für die Ermittlungen war auch, dass das gesamte Klebeband gesichert und auf mögliche Fingerabdrücke des Täters hin untersucht wurde. Möglicherweise befanden sich Textilfasern von der Kleidung des Täters auf der Klebeseite. Im Labor gingen die Untersuchungen und Schlussfolgerungen also in die nächsten Tagen weiter.

Die Beamten der Spurensicherung und der Mordkommission ermittelten die ganze Nacht hindurch. Es war essentiell, dass jede noch so kleine Spur gesichert wurde. Alles, was irgendwie Schlüsse auf den Täter zugelassen hätte, war wichtig für die Ermittlungen und musste weitergehend untersucht werden.

Irgendwann am späten Abend war die Spurensicherung rund um die Leichen an beiden Tatorten abgeschlossen.

Dann erst konnten die Toten durch einen Bestatter in das Institut für Rechtsmedizin nach Bonn gebracht werden.

Das große Polizeiaufkommen am Tatort, an der Villa und in der gesamten Stadt Remagen blieb natürlich nicht unbemerkt. Ein Großteil der Bevölkerung war auf den Beinen. Jeder wollte wissen, was passiert war.

Zahlreiche Medien erschienen mit einem Großaufgebot. Dafür war die Staatsanwaltschaft zuständig. Sie war die ‚Herrin des Ermittlungsverfahrens', deshalb erteilte sie den Journalisten und Reportern auch die entsprechenden Auskünfte. Wir Ermittler waren froh dafür: Zumindest den öffentlichen Druck hatten wir damit vorerst einmal vom Hals.

Es gab genug anderes für uns zu tun, und es war nur gut, wenn wir uns nicht noch den Fragen der Medien aussetzen mussten.
Die blutigen Taten von Remagen erforderten es ohnehin, dass die Mordkommission personell aufgestockt werden musste.
Die Aufgaben, die vor uns lagen, konnten die wenigen Beamten, die vor Ort waren, unmöglich alleine bewältigen. Der Dienststellenleiter der Kripo Koblenz forderte deshalb umgehend Verstärkung an.
Die Ermittlungsarbeit, die in den folgenden Tagen erledigt werden musste, war enorm: Die schwierigen Abklärungen innerhalb der Familie, die Vernehmungen der anderen Hausmitbewohner, auch wenn sie zum Zeitpunkt der Tat offenbar nicht vor Ort gewesen waren, Befragungen der Nachbarschaft und der Besucher des Krankenhauses sowie die Einweisung der neuen Kollegen, die nicht täglich mit Tötungsdelikten zu tun hatten. Mit viel Fingerspitzengefühl mussten diese sensibilisiert werden für die anstehenden Aufträge. Der Druck war gewaltig. Es war absolut wichtig, dass nichts und auch gar nichts übersehen oder vergessen wurde. Das wäre für die Suche nach dem Mörder fatal gewesen!
Hinzu kam die psychische Belastung durch all das Gesehene und Erlebte. Vor allem für die jüngeren Kollegen, die noch nicht so viel Erfahrung hatten, war es eine große Belastung.
Hinzu kam, dass sie in den folgenden Tagen und Wochen kaum zu Hause sein würden. Manche waren noch nicht lange verheiratet und hatten kleine Kinder. Ohne dass dies irgendjemand von uns ausdrücklich gesagt hätte, war uns allen sofort klar, dass die Ermittlungsarbeit sehr viel Zeit in Anspruch nehmen würde. Das war natürlich für uns alle

nicht leicht, und wir hatten einmal mehr auf das Verständnis unserer Familien zu bauen."

Starke gönnt sich eine kurze Atempause, die ich zu einer Frage nutze: „Und wenn man nach Hause kam, hat man die Bilder dann abgeschüttelt oder darüber geredet?"

„Man hat versucht, sie vor der Tür zu lassen. Aber das ging nicht. Meine Frau hat es gemerkt, wenn ich nachts nicht schlafen konnte. Doch war es nicht unbedingt meine Art, darüber zu reden. Ich sagte dann meistens nur, sie könne ja am nächsten Tag in der Zeitung lesen, wo ihr Mann sich wieder herumgetrieben habe." Starke lacht, und auch ich muss grinsen. „Wozu sollte ich das alles auch erzählen?", rechtfertigt er sich. „Es reichte ja schon, wenn einer davon geträumt hat. Zum Beispiel von dem, was am Tag danach kam ..."

Ich sehe ihn fragend und werde gleich aufgeklärt:

„Bei den Obduktionen, die am folgenden Tag stattfanden, musste ein Beamter der Kriminalpolizei anwesend sein.

Das habe ich übernommen. Klar, ich hätte meine Zeit auch anders verbringen können. Obduktionen machen keinen Spaß, doch sie bringen entscheidende Ergebnisse für unsere Arbeit. Und den jungen Kollegen wollte ich das in dem Fall ersparen. Schließlich hatte ich im Gegensatz zu ihnen schon etliche Obduktionen miterlebt. Wie viele es letztlich gewesen sind, kann ich heute gar nicht mehr sagen. Natürlich war mir klar, dass es in diesem Fall besonders hart würde.

Bei den Obduktionen ging es uns vor allem darum, in Erfahrung zu bringen, wie genau die Menschen zu Tode gekommen waren. Dadurch hätten wieder Hinweise auf den Täter abgeleitet werden können. Genauso wichtig war es, Informationen über die Tatwaffe zu bekommen.

Wie sah die Waffe aus? War es immer dasselbe Messer? Wie wurde es eingesetzt?
Neben der Kriminalpolizei nahmen auch Beamte der Spurensicherung an den Obduktionen teil. Sie achteten besonders darauf, ob es an der Kleidung oder dem Klebeband, das zum Fesseln benutzt worden war, Spuren des Täters gab.
Einige Stunden später war es geschafft. Näheres will ich dir ersparen. Jedenfalls war mir speiübel! Doch ich musste mich zusammenreißen, denn meine Kollegen wollten informiert werden."
Starke ist ein Mann, der sich total im Griff hat. Er wird sich auch damals einen Ruck gegeben haben, wird versucht haben, die Bilder und den Geruch zu vergessen, die gerade noch auf ihn einströmten, und wird den anderen nüchtern mitgeteilt haben, was die Untersuchung der Leichen ergab – so nüchtern, wie er es mir jetzt aus seinen Unterlagen vorträgt:

„Das Ergebnis der Obduktion war äußerst aufschlussreich. Fakten kamen zutage, die für die weiteren Ermittlungen in dem Fall unabdingbar waren: Rudolf Sauer wurde durch mehrere Stiche mit einem zweischneidigen Gegenstand, vermutlich einem Messer, in die rechte Seite des Hals getötet. Hierbei wurde seine Halsschlagader durchtrennt. Die Rechtsmediziner stellten zudem fest, dass der Täter nach dem Zustechen auch mit der Tatwaffe schnitt. Dies konnte eventuell darauf hindeuten, dass er als Metzger gearbeitet und das, was er in diesem Beruf gelernt hatte, nun in äußerster Brutalität anwendete. Doch das waren nur Vermutungen.
Herr Sauer verblutete an Ort und Stelle. Er hatte keine Chance zu überleben.

Aufgrund des Verletzungsmusters wurde Georg Braun mit hoher Wahrscheinlichkeit mit demselben Messer getötet. Der Täter stach ihn zweimal in den Hals. Außerdem wies seine Leiche elf Einstiche in die Brust auf. Hier führte der Angreifer wieder Schnittbewegungen mit dem Messer aus.
Die Brusthöhle wurde dadurch mehrfach eröffnet und mehrere Rippen wurden durchstochen. Das ließ auf massive Hiebe schließen. Der Herzbeutel wurde dreifach eröffnet.
Herr Braun verstarb binnen kürzester Zeit. Auch er hatte keine Chance.
An der Leiche von Magdalena Braun stellten die Mediziner ebenfalls wuchtige Einstiche im Hals fest: Einmal wurde er sogar komplett durchstochen.
Folglich hatte es sich um ein recht langes Tatwerkzeug gehandelt. Sollte es wirklich ein Messer gewesen sein, musste es eine gewaltige Klinge gehabt haben! Anneliese Sauer war inzwischen operiert worden. Ihre Wunden waren zwar entsprechend versorgt, konnten aber noch nicht weitergehend untersucht werden. Das war mit ihrem Gesundheitszustand nicht vereinbar. Doch die Mediziner beschrieben uns die Wunden an ihrem Hals genau so wie die Verletzungen bei den anderen Opfern. Es war deshalb davon auszugehen, dass dieselbe Waffe benutzt worden war.
Ständig standen wir Ermittler mit dem Krankenhaus in Kontakt. Es wäre so wichtig gewesen, wenn wir Frau Sauer hätten befragen können. Sie wäre uns eine Zeugin gewesen, auf deren Aussagen man hätte bauen können. Doch die Ärzte im Krankenhaus zeigten sich sehr skeptisch: Zum einen, ob die Frau jemals das Bewusstsein wiedererlangen, zum andern, ob sie sich in diesem Fall an den Tathergang erinnern würde. Leider sollte das ja nicht sein ...“

„Sie ist später gestorben, nicht wahr?“, werfe ich ein.
Starke nickt nur.
Dann fährt er fort: „Die Ermittlungen gingen unterdessen weiter: Im Umfeld des Tatorts sicherten die Kollegen vom Erkennungsdienst weitere Spuren, die sie zur Abgleichung sofort dem Landeskriminalamt (LKA) übermittelten. Allen war klar: Hier zählte jeder Tag. Die Zeit hatte für den Täter gearbeitet, denn in der Zwischenzeit hätte er wichtige Spuren vernichten, Beweismittel verschwinden lassen und sich ein Alibi zurechtlegen können. Abgesehen davon, dass er ein Mörder auf der Flucht war, der als Gefahr für die Öffentlichkeit gelten musste!
Schnell war klar, dass die Mordkommission alleine die Fahndung nach dem Mörder nicht leisten konnte. Das Personal war noch zu wenig, obwohl schon mehr Beamte als sonst für den Fall abgestellt wurden. Deshalb wurde das LKA eingeschaltet.“
Der ehemalige Kommissar macht eine Pause und schüttelt den Kopf: „Was waren das damals für nervenaufreibende Tage! Der Täter schien im wahrsten Sinne des Wortes vom Erdboden verschluckt worden zu sein. Nichts hatte man in den Händen, das auch nur annähernd auf seine Identität hindeuten konnte. Wir hatten das Gefühl, als drehten wir uns mit der Arbeit im Kreis. Hinzu kam natürlich der öffentliche Druck, denn der Fall war auf das größte Interesse bei den Medien gestoßen. Die Bevölkerung war total verängstigt, und selbst die Polizei konnte den Menschen ihre Sorgen nicht nehmen: Ein dreifacher Mörder auf der Flucht. Irgendwo untergetaucht, vielleicht sogar in der eigenen Nachbarschaft, vielleicht suchte er nachts einen Unterschlupf und stieß dabei zufällig auf das nächste Opfer! Niemand – auch von uns nicht – konnte in diesen Tagen nämlich guten

Gewissens behaupten, dass der Täter nicht ein weiteres Mal zuschlagen würde.“
Ich kann mir denken, in welcher Sorge die Menschen damals waren. Hinzu kamen die Nachrichten im Fernsehen und den Zeitungen – besonders in denen mit den dicken Lettern. Theoretisch konnte der Mörder überall auftauchen, und jetzt, wo er gejagt wurde, war er ganz bestimmt so gefährlich wie ein wildes Tier. Erschwerend kam hinzu, dass man überhaupt nicht wusste, wer er war, und damit auch nicht, nach wem man zu suchen hatte und vor wem man die Menschen hätte warnen können. Doch sollte sich dies bald ändern.
„Dann endlich – fast hatten wir die Hoffnung schon aufgegeben – erreichte die Mordkommission die erlösende Mitteilung des Landeskriminalamtes: Am Tatort in der Sinziger Straße, an einem Wasserglas im Bad, wurde ein Fingerabdruck gefunden, der von einer fremden Person stammte! Zu unserem Glück stellte sich rasch heraus, dass der Mann nicht nur aktenkundig, sondern auch polizeibekannt war. Sein Name war Dieter Zurwehme. Er war wegen Mordes verurteilt und aus dem offenen Vollzug geflohen.
Ich war erleichtert und begann mehr und mehr, mich mit der Möglichkeit anzufreunden, dass es vielleicht doch nur ein einziger Täter war. Dann studierte ich seine Biografie – als ich zu Ende war, wusste ich, dass kein Grund zur Freude bestand: Wir hatten zwar den Namen des Täters, wussten aber auch, dass er vor nichts – aber auch vor gar nichts! – zurückschrecken würde. Dieter Zurwehme war das, was man einen Berufsverbrecher nannte. Er hatte nichts mehr zu verlieren und würde alles tun, um nicht wieder ins Gefängnis zu kommen.“
Starke schweigt und lässt seine Worte wirken. Vor meinem inneren Auge baut sich das Fahndungsfoto von Dieter Zur-

wehme auf. Die weit auseinanderliegenden Augen, die hohe Stirn, der düstere Blick – so stellt man sich einen Verbrecher vor. Dann fällt mir ein, woran das liegt: Würde der Mann nämlich nur ein ganz klein wenig lächeln, so könnte er auch als ein ganz normaler Rentner durchgehen. Die längeren grauen Haare könnten sogar auf einen alternden, wenig erfolgreichen Künstler hindeuten, der an der Straße seine Bilder verkauft. Nein, man sieht ihm eigentlich nicht an, dass er ein Mörder ist. Vermutlich handelt es sich um ein Polizeifoto, und dass da kein Wert gelegt wird auf einen freundlichen Blick, kann ich mir denken. Gewiss wirkt der finstere Typ auf dem Bild furchteinflößend, doch weiß ich schließlich auch, was er getan hat.
Niemand kommt als Mörder auf die Welt. Was ist schiefgelaufen im Leben des Dieter Zurwehme? Diese Frage stelle ich auch Gerhard Starke, woraufhin er einen Schnellhefter aus seiner Tasche zieht.

„Ich will dir seine Biografie vortragen", sagt er, rückt sich die Brille zurecht und beginnt: „Dieter Zurwehme lernte seine leiblichen Eltern praktisch nie kennen. Vier Wochen nach seiner Geburt im Jahre 1942, in den Wirren des Krieges, wurde der Säugling in ein Waisenhaus gegeben. Der Ehemann seiner Mutter, der zur Wehrmacht eingezogen wurde, hat die Ehelichkeit des Kleinkindes angefochten. Sein leiblicher Vater, ein algerischer Arbeiter, hatte Zurwehmes verheiratete Mutter geschwängert.
Bereits eine Woche nach der Freigabe zur Adoption nahm die Familie Zurwehme aus Ottbergen, Höxter, nahe der Grenze zu Niedersachsen, den Jungen auf.
Ottbergen hat 1500 Einwohner. Der kleine Ort liegt im südlichen Weserbergland.
Die Leute adoptierten ihn, als er vier Jahre alt war. Und er

nahm ihren Namen an. Er besuchte den Kindergarten und anschließend die Volksschule.
Obwohl Zurwehme als begabter Schüler galt, ließen seine schulischen Leistungen zu wünschen übrig. Trotzdem wechselte er nach der vierten Volksschulklasse auf die Mittelschule. Zurwehme bekam Probleme mit dem Lernstoff, da er Schwierigkeiten hatte, dem Latein-Unterricht zu folgen. Niemand in der Familie und im Bekanntenkreis konnte ihm im Fach Latein helfen. Sein Defizit hier wurde immer größer, zumal auch die ständigen Schwierigkeiten mit seinen Adoptiveltern hinzukamen.
Sein Adoptivvater nahm ihn nach nur einem halben Jahr wieder von der Mittelschule, weil er befürchtete, dass er dort zurückversetzt werden könnte.
Der Junge besuchte fortan wieder die Volksschule.
Dieter Zurwehme erfuhr erst von seinem Lehrer, dass er nicht der leibliche Sohn der Familie Zurwehme war.

Diese Tatsache hat ihm offenbar während seines ganzen Lebens zu schaffen gemacht, zumal ihm seine Adoptiveltern keinerlei Informationen über seine leibliche Mutter gaben. Erst durch einen zufällig gefundenen Brief erfuhr er den Namen seiner leiblichen Mutter. Um weitere Fragen und die Suche nach seiner Mutter zu unterbinden, erklärten ihm seine Adoptiveltern sogar, seine Mutter lebe in der Ost-Zone. Die Suche nach seiner Mutter hat er nie abgebrochen, was das Verhältnis zu seinen Adoptiveltern sehr belastete.
Ständig verlangte er von ihnen den Namen und die Adresse seiner leiblichen Eltern. Diese Auskunft wollten sie ihm nicht geben.
Die Erziehung durch seine Adoptiveltern, insbesondere durch seinen Vater, war überwiegend streng. So wurde er

von ihm regelmäßig – auch wegen Nichtigkeiten – mit einem Gummiriemen geschlagen und erhielt darüber hinaus teilweise auch mehrere Wochen Stubenarrest.
Oft lief er von zu Hause weg und kehrte erst nach Tagen wieder zurück: Zurwehme versuchte bei Freunden und Bekannten seiner Adoptiveltern die gewünschten Informationen über seine leiblichen Eltern zu bekommen. Er schaffte das aber auch auf diesem Wege nicht. Seine Eltern nahmen ihn immer wieder auf, bestraften ihn aber auch immer wieder mit Schlägen und Stubenarrest.
Sein Vater hatte als Oberzugführer regelmäßig Nachtschicht. Er schlief daher am Tag und dem Jungen wurde untersagt, Kinder und Freunde zum Spielen mit nach Hause zu bringen. Dies war neben den Stubenarresten wohl einer der Gründe, warum es ihm schwerfiel, Freundschaften zu schließen.
Im Alter von zwölf Jahren wurde Dieter Zurwehme erstmals straffällig:
Er versuchte damals, einem 15-jährigen Mädchen ein Paket wegzunehmen. Er dachte, es könnte Geld darin sein. Dem Mädchen log er vor, im Gebüsch ein totes Reh gefunden zu haben. Zusammen gingen sie in Richtung eines Gebüsches. Dieter Zurwehme stellte dem Mädchen ein Bein, so dass es hinfiel. Nun schlug er dem Kind mit der Faust auf den Kopf. Das Mädchen wehrte sich und schrie. Erst als Passanten kamen, die das mitbekommen hatten, ließ Zurwehme von dem Mädchen ab.
Er hatte Glück, denn er konnte als Täter nicht ermittelt werden.
Drei Monate später sah er, wie der Kaufmann aus dem Ort seine Eltern aufsuchte. Zurwehme hatte sich bei diesem oft Branntwein und andere Waren beschafft, indem er sie auf seine Eltern anschreiben ließ – selbstverständlich ohne de-

ren Wissen oder gar Einverständnis.
Aus Angst vor Schlägen lief er jetzt wieder von zu Hause weg. Gegen Abend sah er eine 21-jährige Frau mit dem Fahrrad. Er sprach sie an und bat sie, ihm zu helfen. Seine Ausrede diesmal: Er habe seine Geldbörse verloren.
Nach erfolgloser Suche gingen beide ein Stück zusammen weiter.
Plötzlich und unvermittelt schlug Zurwehme mit einem Buchenast, den er am Wegrand gefunden hat, auf die Frau ein. Sie fiel zu Boden. Er flüchtete mit ihrem Fahrrad nach Hannover. Zwei Tage später wurde er dort aufgegriffen. Daraufhin wurde Zurwehme in ein Erziehungsheim untergebracht.
Schon nach kurzer Zeit floh er aus dem Heim, wurde wenig später aber wieder aufgegriffen. Nach einer weiteren Flucht suchte er Verwandte an der niederländischen Grenze auf. Diesen stahl er eine Geldkassette mit 300 Gulden und 50 DM.
Zurwehme reiste weiter in die Niederlande. Dort konnte er ebenfalls wieder aufgegriffen werden.
Auf Beschluss des Jugendgerichtes wurde er in eine Anstalt gebracht – erzieherische Maßnahmen sollten ihn auf den rechten Weg führen. Bereits damals wurde Zurwehme psychiatrisch untersucht. Dies brachte aber keinerlei Auffälligkeiten ans Licht.
Nach der achten Klasse wurde er wegen zu schlechter Leistungen aus der Volksschule entlassen. Er begann eine Lehre als Schlosser, brach diese aber rasch ab. Es folgte ein weiterer Versuch, diesmal als Kfz-Schlosser. Nach drei Monaten beendete er auch diese Lehre vorzeitig.
Wieder lief er von zu Hause weg.
Diesmal verschlug es ihn nach Frankreich. Zurwehme wollte hier in die Fremdenlegion eintreten, weshalb er versuchte,

die französische Sprache zu erlernen. Offenbar beabsichtigte er, sein altes Leben und seine alte Identität zurückzulassen. Das Unterfangen scheiterte an seinem jugendlichen Alter und an einem gefälschten Pass.
Er wurde schließlich nach Deutschland abgeschoben, wo er wieder zu Hause unterkam.
Später versuchte er, nach Belgien zu reisen. Er brach Fahrzeuge auf und entwendete Personalausweise, um sie zu fälschen.
In Aachen wurde er von der Polizei festgenommen, nachdem er versucht hatte, ein Motorrad zu stehlen.
Zurwehme wurde nun wegen schweren Diebstahls und Unterschlagung zu einer Jugendstrafe verurteilt. Er kam erstmals zur Untersuchungshaft in eine Justizvollzugsanstalt.
In diesem Zusammenhang wurde im Auftrag der Staatsanwaltschaft Paderborn ein Gutachten angefertigt, das den geistigen Entwicklungsstand und somit auch die strafrechtliche Verantwortlichkeit von Dieter Zurwehme klären sollte.
In dem Gutachten wurde nach den entsprechenden Untersuchungen in der Universitäts-Nervenklinik Göttingen deutlich, dass Dieter Zurwehme reif genug war, das Unrecht seiner bisherigen Taten zu verstehen und zu reflektieren. Er sei geistig genauso auf der Höhe wie Gleichaltrige.
Hinweise auf eine erhebliche Beeinträchtigung der Einsichts- und Steuerungsfähigkeit wurden nicht festgestellt, ebenso konnte eine krankhafte Störung ausgeschlossen werden. Dieter Zurwehme war somit von der Entwicklung her ein völlig normaler junger Mann.
Er legte gegen das Urteil der Jugendstrafe Berufung ein. Das zuständige Landgericht in Paderborn hob dieses Urteil dann auch tatsächlich auf und wandelte es um in eine zweijährige Jugendstrafe auf Bewährung.

Der junge Zurwehme fand nun einen Job als Hilfsarbeiter bei einem Zimmermann.
Leider ließen die vorangegangenen Bestrafungen ihn völlig unbeeindruckt:
Für eine geplante Silvesterfeier wollte er Knallkörper erwerben, hatte aber kein Geld. Sein Plan war, eine alleinstehende Frau, die in einem Bahnwärterhäuschen wohnte, zu überfallen. Er bewaffnete sich mit einem Messer und ging zu der Frau. Er bat sie um ein Glas Wasser, das er auch bekam.
Dann schlug er auf die Frau ein und warf sie zu Boden. Er würgte sie, aber sein Opfer wehrte sich und schrie. Zurwehme drohte, die Frau zu erschießen und bedrohte sie anschließend mit dem Messer. Sie redete auf ihn ein, erklärte ihm unter anderem, dass sie Mutter von sechs Kindern sei und er sich nicht unglücklich machen solle.
Da zeigte er Einsicht: Er ließ von der Frau ab und erklärte sein Vorhaben damit, dass er kein Geld habe. Die Frau schenkte ihm noch fünf DM, dann verließ Zurwehme das Grundstück.
Am folgenden Tag wurde er festgenommen und eine Untersuchungshaft gegen ihn angeordnet.
Im Alter von inzwischen 18 Jahren wurde er zu einer erneuten Jugendstrafe von unbestimmter Dauer, wenigstens zwei, höchstens vier Jahren, verurteilt. In der Verhandlung bestritt er die Raubabsicht und gab als Tatmotiv sexuelle Gründe an.
Er legte Berufung ein, doch wurde die vom Landgericht Paderborn verworfen.
Nach Verbüßung der Mindeststrafe, also nach zwei Jahren, wurde er wegen guter Führung entlassen. Die Reststrafe von zwei Jahren wurde zur Bewährung ausgesetzt.
Zurwehme kehrte in den Haushalt seiner Adoptiveltern

zurück. Für 14 Tage fand er Arbeit in einer Sperrholzfabrik, die er dann aber schon wieder aufgab.
Er lernte ein 16-jähriges Mädchen kennen und beschloss, nicht nach Hause zurückzukehren.
In den folgenden Tagen hielt er sich mit seiner Freundin im Bereich von Kassel und Bad Wildungen auf.
Imponiergehabe könnte der Grund gewesen sein, warum er in dieser Phase mehrere Autodiebstähle beging.
Im September 1962 wurde er erneut festgenommen und kam in Untersuchungshaft. Im Dezember 1962 wurde er vom Amtsgericht Höxter zu einer einjährigen Gefängnisstrafe verurteilt. Die Bewährung aus vorausgegangenen Urteilen wurde widerrufen. Im Juni 1964, jetzt 22 Jahre alt, wurde er aus dem Gefängnis entlassen.
Seine Adoptiveltern nahmen ihn wieder in ihrem Haushalt auf. Zurwehme war nun kurze Zeit als Arbeiter bei der Kurverwaltung Bad Driburg beschäftigt.
Bereits im Dezember 1964 beging er erneut Straftaten. Wegen Beihilfe zur Unfallflucht wurde er im März 1965 zu einer einmonatigen Freiheitsstrafe verurteilt.
Autodiebstähle und Unterschlagungen waren jetzt an der Tagesordnung.
Mit einem in Hannover gestohlenen PKW fuhr er im Februar 1965 in die Nähe von Bad Godesberg zu einer früheren Freundin, zu der er seit 1962 keinen Kontakt mehr hatte. Gegen den Willen der Frau fuhr er mit ihr in ein abgelegenes Waldgebiet. Hier forderte er sie auf, sich auszuziehen. Als die Frau sich weigerte, schlug er sie mit dem Handrücken mehrfach ins Gesicht, würgte sie und drohte ihr: Er werde sie umbringen, wenn sie ihm nicht gehorche.
Sie wehrte sich weiter.
Dann zog Zurwehme ein aufgeklapptes Messer.

Schließlich brach er den Widerstand der Frau. Er vergewaltigte sie im Auto. Zurwehme drohte ihr, sie umzubringen, wenn sie ihn anzeigen würde.
Sie tat es trotzdem, und ihr Peiniger konnte noch im Februar in Klotten an der Mosel festgenommen werden.
Zurwehme wurde nun wegen Notzucht und den anderen Straftaten zu einer Freiheitsstrafe von zwei Jahren und vier Monaten verurteilt.
Im Juli 1967 wurde er aus der JVA entlassen.
Drei Monate arbeitete er anschließend bei einem Schausteller, danach versuchte er sich erfolglos als Binnenschiffer.
Er wollte nach Hamburg, wozu er ein Auto brauchte. Dieses stahl er kurzerhand.
Bei Kassel übernachtete er in dem PKW und wurde erneut festgenommen. Das Ergebnis: Ein Jahr und sechs Monate Gefängnisstrafe.
Im April 1969 wurde er entlassen.
Während der letzten Haftstrafe hatte er über eine Kontaktadresse eine 24 Jahre ältere Frau kennengelernt. Nach seiner Haftentlassung zog er zu dieser Frau nach Köln. Als sie erkrankte und für mehrere Wochen in stationäre Behandlung musste, freundete sich Zurwehme mit einer weiteren Frau im gleichen Hause an. Die beiden schliefen mehrfach miteinander.
Doch es kam zu Streitigkeiten, und Zurwehme fuhr in die Niederlande.
Hier verübte er Einbruchs- und Fahrzeugdiebstähle. 1970 wurde er deswegen in Zwolle zu zwölf Monaten Freiheitsstrafe verurteilt.
Nach seiner Haftentlassung 1971 suchte er wieder Kontakt zu seiner älteren Freundin in Köln. Sie zogen erneut zusammen, und zwar dieses Mal in ein Appartement in Würselen."

„Das ist der Ort, aus dem Martin Schulz kommt“, fällt mir dazu ein.
„Stimmt“, lacht Starke. „Der hat ja noch viel vor ... und vielleicht Glück gehabt, dass er unserem Täter damals nicht begegnet ist.“
Dann sieht er wieder in seine Unterlagen:
„Zurwehme fand eine Anstellung als Chemiearbeiter in Aachen. Er machte hier eine gewisse Karriere, wurde Vorarbeiter und stellvertretender Lagerverwalter.
Nach einem Arbeitsunfall rieten ihm die Ärzte, die Tätigkeit aufzugeben.
Als Nächstes verdingte er sich in einem Schlachthof in Aachen.
Im November 1972 trennte sich Zurwehme von seiner Freundin. Er suchte eine eigene Wohnung.
In einem Immobilienbüro erkundigte er sich nach geeigneten Wohnungen. Er gab falsche Personalien an, um später die Ansprüche des Maklers zu umgehen.
Nun stellte sich die Frage der Finanzierung. Rücklagen hatte er nicht, einen Kredit würde er ebenfalls nicht bekommen.
Zurwehme entschloss sich deshalb, die Frau seines früheren Arbeitgebers zu überfallen.
Das Wohnhaus war ihm bekannt, er vermutete die Frau alleine zu Hause.
Er lag richtig, und nach dem Klingeln öffnete sie sofort.
Zurwehme bedrohte die Frau mit einem Fahrtenmesser und trieb sie ins Haus. Hier wurde er gleich zweimal überrascht: Die Frau hatte ein kleines Kind, das vor Angst laut schrie, als es ihn sah. Dann klingelte ein Bekannter der Familie an der Haustür.
Zurwehme zögerte nicht und flüchtete sofort. Zu groß war die Angst, wieder verhaftet zu werden.

Trotzdem wollte und musste er sich Geld beschaffen, denn er wollte keineswegs auf die Wohnung verzichten.
Aus dem ersten Gespräch im Immobiliengeschäft wusste er, dass die Angestellte dort meist alleine im Büro war. ‚Wo mit Häusern und Wohnungen gehandelt wird, ist auch Geld', mag er sich gedacht haben.
Gegen 13.00 Uhr war er an dem Büro. Er traf auf die Angestellte: Sie habe nun Mittagspause, sagte sie ihm. Um 14.00 Uhr sei sie zurück, er solle dann noch mal vorbeikommen.
Zurwehme war pünktlich. Schließlich war er fest entschlossen, hier und heute entsprechende Beute zu machen.
Im Büro zog Zurwehme plötzlich sein Fahrtenmesser aus der Tasche und bedrohte die Frau damit. Er wollte Bargeld. Die erschreckte Frau sprang hinter ihrem Schreibtisch auf und rief, sie werde die Polizei holen. Sie hastete zur Tür, doch Zurwehme war schneller: Er ergriff ihren linken Arm und riss sie von der Bürotür zurück. Dann hielt er ihr das Fahrtenmesser an den Hals: Sie solle gefälligst aufhören zu schreien und still sein. Die Frau wehrte sich aber weiter. Dabei verletzte sie sich leicht am Hals.
Mit seiner linken Hand hielt Zurwehme sein Opfer am Oberarm fest. Er zerschnitt mit dem Messer ihre Jacke im Rücken und streifte ihr die beiden Teile der Jacke über die Arme. Dann fesselte er ihre Hände auf den Rücken. Die Frau konnte sich nun nicht mehr wehren.
Sie erklärte ihm, dass sie nachher die Polizei verständigen würde:
Sie würde ihn ja nun kennen. Immer wieder rief sie aus Todesangst laut um Hilfe. Niemand hörte die Schreie.
Zurwehme warf die Frau zu Boden und hielt ihr den Mund zu, damit sie still war. Dies gelang ihm jedoch nicht und die Frau schrie weiter.

Zurwehme geriet in Panik: Warum hörte sie nicht auf zu schreien? Was wäre, wenn das jemand mitbekäme?
Was sollte er tun? Nach seiner Logik gab es nur eine Möglichkeit!
Mit seiner ganzen Kraft stieß er das Fahrtenmesser in den Hals der am Boden liegenden Frau. Mindestens fünfmal stieß er mit dem Messer zu.
Die Stiche bewirkten die Eröffnung beider Halsschlagadern sowie des Kehlkopfes und der Luftröhre.
Die Frau verblutete innerhalb kürzester Zeit.
Zurwehmes Beute war bescheiden: Zirka 30 DM aus der Handtasche der Frau.
Damit hatte er seinen ersten Mord begangen."
Gerhard sieht mich mit ernster Miene an.
„Man könnte meinen, dass das bei dieser Vita fast eine zwangsläufige Konsequenz war", sage ich.
„Da hast du Recht. Seine Taten steigerten sich immer weiter. Und seine Skrupellosigkeit wuchs: Nach dem Mord verließ er seelenruhig das Büro und fuhr mit seinem Mofa nach Hause. Erst hier säuberte er sich und das Messer und legte sich auf die Couch. Er musste sich ausruhen.
Drei Stunden später bemerkte Zurwehme Polizeibeamte am Haus. Die Frau seines ehemaligen Chefs hatte ihn wegen des versuchten Überfalls angezeigt. Bevor die Polizisten ins Haus eindringen konnten, hatte Zurwehme das Haus aber bereits durch den Hinterausgang verlassen."
Gerhard Starke sieht wieder kurz von seinen Unterlagen auf. „Das war im November 1972", sagt er. „Richard Nixon wurde zum amerikanischen Präsidenten gewählt."
„Der Watergate-Präsident", antworte ich.
„Du kennst dich aus", erwidert mein Gegenüber lächelnd. Längst sind wir zum vertraulichen „Du" übergegangen. Bei der Polizei sei das so üblich, hat Gerhard mir erklärt,

denn man könne sonst nicht richtig zusammenarbeiten.
„Dann weißt du sicher auch, dass in diesem Jahr bei uns Bundestagswahlen waren: Die ersten vorgezogenen in der Geschichte der Bundesrepublik. Erstmals erhielt die SPD mehr Stimmen als die CDU. Damit wurde Willy Brandt zum zweiten Mal Bundeskanzler."
Geschichtsunterricht in dem Ort unweit der damaligen Bundeshauptstadt, der später durch die Morde des Dieter Zurwehme in die Schlagzeilen geraten sollte. „Ihn wird die politische Entwicklung nicht groß interessiert haben", sage ich. Gerhard grinst. „Davon kannst du ausgehen. Der hatte andere Sorgen: Zurwehme war nun auf der Flucht, die ihn durch das gesamte Bundesgebiet führte. Immer wieder stahl er Autos und brach in Wohnungen ein. Er versuchte auch, durch Scheckbetrügereien an Geld zu kommen. Die Polizei konnte ihn leider zu diesem Zeitpunkt noch nicht ermitteln.
An Heiligabend desselben Jahres besuchte er seine ältere Freundin in Würselen. Die beiden fuhren zusammen nach Saarbrücken - mit einem Auto, das sie gemeinsam gestohlen hatten.
Auf dem Rückweg kamen sie durch Dottel.
Dottel ist ein Ortsteil der Gemeinde Kall im Kreis Euskirchen. Während in Kall knapp 12.000 Menschen wohnen, bringt es Dottel gerade mal auf knapp 200.
Hier kennt jeder den anderen.
In Dottel sollte ein alter Bekannter der Freundin Zurwehmes wohnen, den sie besuchen wollten. Er lebte aber nicht mehr dort, eine andere Familie wohnte jetzt in dem Haus.
Zurwehme, der vom Auto aus das Haus beobachtete, sah die 26-jährige Tochter der Familie, als sie die Tür öffnete. Sie gefiel ihm.

Am 8. Januar fuhr Zurwehme erneut nach Dottel. Diesmal war er alleine. Unter einem Vorwand gelangte er in das Haus der Familie. Die Tochter war alleine im Haus. Das passte in seinen Plan:
Zurwehme bedrohte sie mit einer Pistole: Er würde sie erschießen, wenn sie nicht tat, was er von ihr verlangte.
Sie musste sich in sein Fahrzeug setzen. Mit der verängstigten jungen Frau fuhr er ziellos durch die Gegend. Bei Anbruch der Dunkelheit bog er in einen abgelegenen Weg ein. Sein Ziel: Er wollte Sex mit ihr haben.
Dieter Zurwehme hielt ihr sein Fahrtenmesser an die Brust: Auf der Rückbank des Autos sollte sie mit ihm schlafen.
Die Frau zog sich nicht sofort aus. Zurwehme schlug ihr deshalb so lange mit der Hand ins Gesicht, bis ihr Willen gebrochen war. Nach dem Geschlechtsverkehr fuhr er weiter durch die Gegend. Im weiteren Verlauf des Abends vergewaltigte er sie ein zweites Mal.
Später übernachteten beide im Auto.
Zurwehme äußerte mehrfach den Wunsch, mit der Frau zusammenzubleiben. Sie lehnte aber selbstverständlich ab. Am frühen Morgen fuhr er sie zurück nach Dottel.
In der Zeit danach hielt sich Zurwehme im Raum Frankfurt auf, kehrte aber am 22. Januar, also einige Wochen später, in die Umgebung von Aachen zurück.
Er brach in eine Firma in Würselen ein und entwendete eine Schreckschusspistole mit Munition. Dies hatte nur den einen Zweck: Er wollte damit eine weitere Frau gefügig machen. Offenbar war er auf den Geschmack gekommen.
Zurwehme entschloss sich, die Frau eines früheren Arbeitskollegen in seinen Pkw zu locken und dort zu vergewaltigen.

Ihm war bekannt, dass sie in einem Lebensmittelgeschäft in Würselen beschäftigt war und dass sie dort jeden Morgen gegen 6.30 Uhr eintraf. Ihr Mann brachte sie um diese Zeit zur Arbeit.

So war es auch am Morgen des 23. Januar. Johanna Jansen wurde schon um 6.00 Uhr von ihrem Mann gebracht, trotzdem erwartete Zurwehme sie bereits.

Kurze Zeit später ging er zu der Frau und erklärte ihr, dass ihr Mann auf der Weiterfahrt in einen Verkehrsunfall verwickelt wäre. Er bot ihr an, sie dorthin zu begleiten.

Natürlich fuhr sie mit. Nach kurzer Zeit fuhr Zurwehme in ein Feld, hielt sein Fahrzeug an und schlug der Frau unvermittelt mit der Hand ins Gesicht. Anschließend bedrohte er sie mit seinem Messer und sagte, dass er im Besitz einer Pistole sei.

Mit einer Mullbinde fesselte er ihre Hände auf dem Rücken. Damit war sie völlig wehrlos. Er fuhr jetzt noch weiter ins Feld hinein. Zurwehme zerrte sie auf die Rückbank des Autos. Hier forderte er die junge Frau auf, ihn zu küssen. Als sie das ablehnte, schlug er ihr erneut mehrfach mit der Hand ins Gesicht. Er sagte ihr, dass er sie jetzt haben wolle und sie vergewaltigen werde. Würde sie sich dagegen wehren, erwürge er sie. Er zog die Frau und sich selbst aus.

Zurwehme war so erregt, dass er am ganzen Körper zitterte und schwer atmete.

Gleichwohl war sein Penis nicht erigiert.

Mehrere Versuche, mit seinem Glied in die Scheide der hilflosen Frau einzudringen, schlugen fehl. Er drang jetzt mit einem Finger in sie ein und forderte weiter, dass sie ihn küsse solle. Widerstrebend und voller Ekel küsste sie ihn. Jetzt gelang es ihm, sein Glied in ihre Scheide einzuführen und den Geschlechtsverkehr bis zum Samenerguss durchzuführen.

Seinen Penis reinigte er an ihrem Unterrock.
Er zog sich an und ließ sein Opfer gefesselt auf der Rückbank liegen.
Kurze Zeit fuhr er nun mit seinem Wagen durch die Gegend. Außerhalb von bebauten Ortschaften hielt er erneut an, zog sich aus, und das ganze furchtbare Prozedere von vorhin wiederholte sich.
Ausbleibende Erektion, heftiges Küssen, schließlich steckte er wieder den Finger in die Scheide der Frau, bis es letztlich zum Geschlechtsverkehr mit Samenerguss kam.
Danach löste er die Fesseln seines Opfers: Die Frau durfte sich anziehen.
Noch einmal bedrohte Zurwehme sie massiv. Er wollte ihre Geldbörse haben. Die Frau händigte ihm diese ohne Zögern aus. 70 DM befanden sich darin. Sie bat um einen kleinen Betrag, um mit dem Bus nach Hause fahren zu können.
Noch einmal bedrohte er sie mit einer Pistole in der Hand: Er werde sie erschießen, sollte sie zur Polizei gehen. Dann ließ Zurwehme sein Opfer gehen.
Die nächsten Tage verbrachte Zurwehme in Norddeutschland. Weitere Straftaten aus diesem Zeitraum wurden nicht bekannt.
Am 28. Januar 1973 kehrte er in den Aachener Raum zurück. Am Abend dieses Tages endete die Flucht abrupt, denn er geriet in Simonsknall in eine Verkehrskontrolle und wurde festgenommen.
Das Landgericht Aachen verurteilte Dieter Zurwehme am 18. April 1974 wegen Mordes in Tateinheit mit versuchtem schweren Raub, versuchter räuberischer Erpressung, Notzucht und Notzucht in Tateinheit mir räuberischer Erpressung zu einer lebenslangen Freiheitsstrafe."
Starke legt den Schnellhefter zur Seite und atmet tief durch. Er wirkt mitgenommen, versucht aber, sich das nicht an-

merken zu lassen. Ich weiß nicht, ob ich ihn darauf ansprechen soll, und nutze die Pause deshalb zur Recherche in meinem Smartphone.

„Eine Woche später, am 25. April, wurde Günter Guillaume, der persönliche Referent Willy Brandts als Spion der Deutschen Demokratischen Republik enttarnt. Das löste die Spionage-Affäre aus, weswegen Brandt im Mai als Bundeskanzler zurücktrat."

„Was du alles deinem Handy entlockst", sagt Gerhard lachend und ist wieder ganz der Alte.

Ich will wissen, wie es dann mit Zurwehme weitergegangen ist. Gerhard greift wieder zu seinen Aufzeichnungen.

„Im Laufe der Inhaftierungszeit wurde das Verlangen nach Sex bei ihm zunehmend geringer. Er war lediglich während eines Freiganges ein paar Mal in einem Bordell in Bielefeld. Oft hat der Geschlechtsverkehr aber nicht funktioniert, und er hat dann aufgehört, hat bezahlt und ist gegangen. Einmal hatte er im Gefängnis auch homosexuelle Kontakte.

Dieter Zurwehme verbüßte die Haftstrafe ohne Auffälligkeiten. Zwischendurch, am 8. November 1984 und am 22. Oktober 1987, wurde er sozialprognostisch beurteilt. Nach einer weiteren Exploration empfahl der Leiter der Justizvollzugsanstalt Köln am 27. Juli 1989 Vollzugslockerungen als ‚bedenkenlos'." Gerhard lässt die Akte kurz sinken und sieht mich ernst an: „Dies war ein Fehler! Alles kam, wie es kommen musste, denn bereits im Februar 1990 wurde Zurwehme erneut straffällig."

Er blättert weiter, bis er die entsprechende Stelle gefunden hat: „Zusammen mit einem anderen Häftling nutzte er einen Hafturlaub zur Flucht. Für sich und seinen Mithäftling besorgte Zurwehme zwei Gaspistolen mit Munition, ein Elektroschockgerät, eine Handfessel und ein Messer.

Sie wollten ein Auto stehlen, mit dem sie sich in die Niederlande absetzen wollten.
Dort wollten sie mit den Gaspistolen eine Tankstelle überfallen. Warum das ausgerechnet in den Niederlanden sein sollte, ist nicht bekannt.
Mit dem erbeuteten Geld wollten sie sich dann jedenfalls in ein weiter entferntes Ausland absetzen.
Um das Auto zu entwenden, fuhr Zurwehme mit einem Bus nach Bergheim-Kenten. Gegen Mitternacht kam er dort an und bemerkte eine 17-Jährige, die ohne Begleitung unterwegs war. Er verfolgte sie. Als er sie einholte, forderte er sie auf, mit ihm zu kommen.
Mit der Gaspistole vor der Brust fasste Zurwehme sie am Arm. Als die junge Frau schrie, ließ er von ihr ab. Sie lief schnell weg.
Zurwehme fuhr, ohne ein Auto gestohlen zu haben, mit einem Bus zurück zum Bahnhof Horrem. Hier wurde er in derselben Nacht festgenommen.
Nun weißt du, was schiefgelaufen ist im Leben von Dieter Zurwehme", sagt Gerhard und schließt die Mappe.
„Das war einiges", antworte ich nachdenklich.
„Das ist richtig. Trotzdem: Bei allem Verständnis für die schwierige Biografie des Täters dürfen wir die Opfer nicht vergessen. Sie waren völlig schuldlos und wurden von einer auf die andere Minute aus dem Leben gerissen. Von jemandem, dem sie nichts und auch gar nichts getan hatten. Ihr Pech war lediglich, dass sie zum falschen Zeitpunkt am falschen Ort waren."
Ich kann Gerhard in dem Punkt nur völlig Recht geben.
„Für die Opfer und ihre Angehörigen kann die Polizei nichts tun", sagt er. „Allerdings können wir alles daran setzen, den Mörder zu finden. Und das haben wir natürlich auch in diesem Fall getan."

„Das glaube ich gerne", sage ich. „Mir fehlt nur noch ein entscheidendes Puzzleteil in deiner Erzählung. Wie ist es letztlich dazu gekommen, dass Zurwehme die Morde überhaupt begehen konnte? Wie ist er in Freiheit gelangt?"

„Das ist ein Kapitel für sich. Ein sehr ärgerliches Kapitel, wie ich noch heute meine. Aber natürlich will ich dir auch das nicht vorenthalten:

Zurwehme wurde im Laufe seiner Inhaftierung erneut im Freigang erprobt. Er konnte das Gefängnis verlassen, musste sich aber zum verabredeten Zeitpunkt wieder dort einfinden.

In einem Schreiben vom Juni 1993 befürwortete der Leiter der Justizvollzugsanstalt Köln, nach vorausgegangener Beurteilung des Inhaftierten durch einen Diplom-Psychologen der Justizvollzugsanstalt Geldern, weitere Vollzugslockerungen: In dem Brief, der an den Präsidenten des Justizvollzugsamtes gerichtet war, heißt es, Dieter Zurwehme habe nach vorausgegangener Beurteilung durch einen Diplom-Psychologen und einer Befürwortung weiterer Vollzugslockerungen seinen Urlaub 1990 zwar missbraucht und eine versuchte Nötigung mit Bedrohung begangen. Diese Tat passe jedoch gar nicht zu Zurwehmes Persönlichkeit. Sie sei beinahe als rätselhaft zu verstehen – was ja bei menschlichen Handlungen gelegentlich vorkomme. Jedenfalls sei diese Tat kein Ausdruck einer ‚fortbestehenden kriminellen Energie'. Zurwehme habe sich sicherlich von einem jungen Mitgefangenen beeinflussen lassen. Abschließend heißt es, der überraschende ‚Zwischenfall' könne nicht oder nicht mehr als Indiz für eine ‚fortbestehende Gefährlichkeit' eingeschätzt werden.

Auch alle Stellungnahmen, psychologische Beurteilungen

und psychiatrische Gutachten, die noch folgen sollten, bescheinigten Zurwehme eine positive Entwicklung.
Es kam noch schlimmer: 1998 befürwortete der Leiter der JVA Bielefeld-Senne gegenüber der Staatsanwaltschaft Aachen eine bedingte Entlassung Zurwehmes. Zwischenzeitlich habe er 116 Ausgänge abgewickelt, ohne dass es Beanstandungen gegeben habe. Er sei immer wieder ordnungsgemäß aus dem Urlaub zurückgekehrt.
Der Vollstreckungsdezernent der Staatsanwaltschaft Aachen sprach sich jedoch dagegen aus, da er Zurwehme noch immer für gefährlich hielt.
Ein Antrag der Staatsanwaltschaft, die Aussetzung der Reststrafe auf Bewährung abzulehnen, ging darum zur Entscheidung an das Landgericht in Bielefeld.
Das Gericht verwarf die bedingte Entlassung Zurwehmes, der daraufhin sofort Beschwerde beim Oberlandesgericht Hamm einlegte. Hier wurde die Entscheidung des Landgerichtes Bielefeld aufgehoben und das Verfahren zur erneuten Entscheidung nach Bielefeld zurückverwiesen.
Am 28. Dezember 1998 gewährte man Zurwehme erneut Hafturlaub."
Gerhard sieht von seinen Unterlagen auf: „Kurz zuvor wurde Helmut Kohl abgelöst und Gerhard Schröder zum neuen deutschen Bundeskanzler gewählt. Damit du das zeitlich einordnen kannst."
„Wie ging es dann weiter mit seiner Beschwerde?", frage ich nach.
„Darüber konnte nicht mehr entschieden werden. Zurwehme kehrte nicht in die Haft zurück. Er entschloss sich, das Weite zu suchen."
„Warum hat er die Entscheidung nicht abgewartet? Er hätte sich die Beschwerde doch sonst sparen können?"

„Es hieß, er wurde panisch, dass er auch den Rest seines Lebens im Strafvollzug verbringen müsse, ohne die Chance auf eine Entlassung zu haben.
Er wollte frei sein. Für diesen Wunsch verließ er seine Arbeitsstelle als Koch in einem Restaurant, die ihm sehr viel bedeutet hatte. Auch verlor er alles, was er sich während seiner Haft erarbeitet hatte."
„‚Während seiner Haft erarbeitet hatte' – das hört sich seltsam an ..."
Gerhard muss lächeln. „Das ist alles relativ. Der Mensch ist anpassungsfähig, und ein Mann wie Zurwehme kannte ja nichts anderes als Straftaten und Knast. Da war sein guter Stand im Gefängnis schon ein gewaltiger Fortschritt."
Das klingt einleuchtend, obwohl es mir schwerfällt, mich in die Gedankenwelt eines Verbrechers mit dieser Vergangenheit hineinzuversetzen. Ob er selbst das denn könne, frage ich Gerhard.
„Auch nicht", sagt er. „Aber so ungefähr stelle ich mir das vor. Wir können von Glück sagen, dass wir in behüteten Verhältnissen aufgewachsen sind." Er blättert eine Seite in seinem Ordner weiter. „Jedenfalls kaufte Zurwehme noch am Tag seiner Flucht in einem Bochumer Waffengeschäft eine Gaspistole.
In Dortmund oder Duisburg erwarb er Handschellen. Diese Utensilien waren seine täglichen Begleiter. Schließlich hatte er den Plan gefasst, seinen Lebensunterhalt durch Raubüberfälle zu finanzieren. Dazu benötigte er die Gegenstände. Dies zu seiner Gedankenwelt.
Sobald er die Werkzeuge für sein künftiges Leben besorgt hatte, setzte er sich in die Niederlande ab. Hier hielt er sich überwiegend auf Campingplätzen auf, brach in leerstehende Wohnwagen ein und übernachtete dort.
Mit dem Bus oder Zug fuhr er durch ganz Holland. Vorwie-

gend hielt er sich in der Küstenregion auf und übernachtete weiter auf Ganzjahrescampingplätzen. Es war Winterzeit und die Plätze waren kaum besucht. Er brach in die Campingwagen ein und verzehrte die Lebensmittel, die er dort fand.
In einem dieser Wohnwagen fand Zurwehme ein etwa 25 Zentimeter langes Stiefelkampfmesser.
Es zählte ab sofort zu seiner ständigen Bewaffnung, bis er es später verlor, als er über einen Zaun stieg.
Im März 1999 kehrte er in die Bundesrepublik zurück. Mit einem – selbstverständlich – gestohlenen Fahrrad fuhr Zurwehme am Rhein entlang, Richtung Süden. Er wollte Richtung Freiburg, weil es da im Frühjahr am wärmsten ist.
So gelangte er am 20. März gegen Abend nach Remagen."
Gerhard verstaut seine Unterlagen und schlägt vor, dass wir nun zu den beiden Tatorten fahren. Da ich inzwischen darauf brenne, sie zu sehen, stimme ich sofort zu. Wir zahlen und beeilen uns, zum Auto zu kommen, denn es regnet immer noch. Ohne das Navigationsgerät einzuschalten, fährt Gerhard los. Er scheint wirklich sehr ortskundig zu sein.
Am Anfang unterhalten wir uns noch, doch ich merke, dass der ehemalige Kommissar immer ruhiger wird, je weiter wir fahren. Ich kann mir denken, wo er mit seinen Gedanken ist …
Nach nur wenigen Minuten Fahrt biegt er in eine enge Straße ein. Wir fahren unter einer Brücke hindurch. Auf der linken Seite ist nur Gestrüpp zu sehen. Gerhard drosselt das Tempo. Rechter Hand stehen einige Villen. Alte Häuser sind es, die mir unbelebt erscheinen. Hier hält er an und steigt aus. Ich bleibe noch einen kurzen Moment im Wagen sitzen und sehe mich um: Unmittelbar vor uns liegt ein weitläufiges Grundstück, das durch einen Bauzaun ab-

gesichert ist. Dahinter ist aber alles ruhig, von Bauarbeiten keine Spur.
Als ich ebenfalls aussteige, sehe ich, wie nahe wir uns am Rhein befinden. Das mögen keine zwanzig Meter sein.
„Das war der erste Tatort", erklärt Gerhard und zeigt nach vorne. „Hier stand die Villa, in der Zurwehme den ersten Mord begangen hat."
An diesem Ort also hat der Mann, der auf der Flucht seinerzeit nur zufällig nach Remagen kam, seine Mordserie begonnen. Ich lasse den Eindruck auf mich wirken: Das Haus wurde zwar inzwischen abgerissen, aber Gerhard zeigt mir eine Villa in der unmittelbaren Nachbarschaft: „So hat es ausgesehen, man kann sagen, die Häuser waren Zwillinge." Ich lasse den Eindruck auf mich wirken: Das Gebäude erinnert mich an die Villa aus dem Thriller *Psycho*. Wahrscheinlich wäre das aber nicht so, wenn ich nicht wüsste, was hier geschehen ist. Hinter dem hohen Gartenzaun mit einem schweren Metalltor führt ein Weg über das parkähnliche Anwesen. Das Haus aus der Gründerzeit steht etwas zurückgesetzt und imponiert durch seine beträchtliche Höhe. Hier also geschah der erste Mord, hier war der Ausgangspunkt für die monatelange Suche nach Dieter Zurwehme.
Gerhard zeigt mir, wo sie damals ihr Auto abgestellt haben und beschreibt noch einmal den Weg zur Villa. Beim Erzählen wirkt der frühere Mordermittler völlig ruhig. Die alte Routine, sie scheint sofort wieder da zu sein. Den trockenen Beamtenstil kann er auch heute noch nicht ablegen. Möglich, dass auf diese Weise eine Art innere Sperre zu den kaum erträglichen Geschehnissen errichtet wird. Mir ist durchaus klar, dass sich ein Mordermittler nicht jeden Fall zu Herzen nehmen darf. Wie ein Arzt, der eine

gewisse Distanz zum Patienten braucht, um seinen Job professionell zu machen.

„Zurwehme erblickte eine am Rhein gelegene Villa, am Rande der Stadt. Ein großes, schönes Anwesen, etwas altertümlich.

Die Villa wurde gerade renoviert, Bauschutt und andere Baumaterialien sowie mehrere Schaufeln lagen davor. Die Kellertür zum Haus war nicht verschlossen.

Deshalb nutzte er die Gelegenheit und versteckte das Fahrrad in einem der Kellerräume, sodass niemand, der sich dem Haus näherte, seine Anwesenheit bemerken konnte.

Es war Samstagabend, niemand arbeitete dort, und Zurwehme rechnete damit, dass dies auch am folgenden Tag, dem Sonntag, so sein würde. Er suchte nach einem geeigneten Raum, der nicht so verdreckt war, sodass er dort schlafen konnte.

In der ersten Etage des Hauses wurde trocken ausgebaut, Dämmstoffe wie Glaswolle und Vlies lagen herum. Das war für Zurwehme natürlich ideal, um sich vor der nächtlichen Kälte zu schützen. Seine Wahl fiel auf einen Raum, der sich auf der linken Seite der Villa befand.

Er riss ein Stück von einer Rolle Isolierschaumstoff ab und machte sich auf dem Boden ein Lager. Er drückte dann einmal kurz auf den Lichtschalter, um festzustellen, ob Strom da war. Zurwehme wollte einen Warmwasserkocher benutzen, den er gefunden hatte. Er verbrachte eine ruhige Nacht in dem Anwesen. Nur die Güterzüge und das Dröhnen der Schiffsmotoren waren zu hören.

Am nächsten Morgen wurde er unsanft geweckt.

Ein älterer Mann schrie ihn an: Was er hier zu suchen habe! Zurwehme hatte nicht mitbekommen, dass der Mann ins Haus gekommen war.

Er habe hier nichts verloren, ging dieser den ungebetenen Gast weiter an, das Haus sei schließlich nicht sein Eigentum.
Zurwehme war sehr überrascht, sodass er ehrlich antwortete: Er habe nur ein Nachtlager gesucht und hier übernachtet. Der Fremde, der sich als Bauleiter vorstellte, drohte damit, die Polizei zu rufen. Er zögerte nicht lange und zog sein Mobiltelefon aus der Tasche, um mit seiner Drohung Ernst zu machen.
Den Einwand Zurwehmes, es sei doch nicht schlimm, dass er hier geschlafen habe, ließ er nicht gelten.
Der Mann tippte nun eine Zahl in das Mobiltelefon ein.
Zurwehme sprang auf und nahm dem Mann das Handy weg. Es entstand jetzt ein Gerangel um das Handy. Zurwehme brachte den Bauleiter zu Fall, indem er ihm ein Bein stellte.
Blitzschnell ergriff der Täter seine Handfesseln und fixierte die Hände des alten Mannes.
Die Handfesseln wollte der Täter natürlich nicht zurücklassen. Er schaute sich um und fand Klebeband. Der Bauleiter lag zu dieser Zeit bäuchlings auf dem Nachtlager und konnte sich nicht wehren, geschweige denn aufstehen.
Zurwehme fesselte ihm mit dem Klebeband die Hände auf den Rücken. Die Handfesseln nahm er wieder an sich.
Er hatte das Klebeband zirkulär und in mehreren Lagen über beide Handgelenke gewunden.
Der Mann konnte sich nicht mehr bewegen.
Seine Frage nach Geld beantwortete der Bauleiter negativ: Weder hier noch zu Hause habe er Bargeld. Er werde auf jeden Fall die Polizei verständigen. Zurwehme wüsste ja sicher, welche Konsequenzen er zu befürchten habe.
Daraufhin umwickelte der Täter mehrfach die Augen und den Mund des Bauleiters. Dadurch verlor dieser die Orien-

tierung und konnte nicht mehr sprechen beziehungsweise nach Hilfe rufen." Gerhard lässt die Mappe sinken, in die er ab und zu gesehen hat, und erzählt jetzt frei: „Zurwehme bekam Panik, denn der Mann hatte sein Gesicht gesehen. Er konnte ihn ja bei der Polizei beschreiben. Welche Konsequenzen kämen dann auf ihn zu?

Polizei. Gefängnis. Damit hatte er ihm sehr ernsthaft gedroht. Wie bei der Frau im Immobilienbüro sah er wieder nur einen Ausweg: Er musste ihn töten.

Zurwehme zog sein zweischneidiges Kampfmesser, das er in einer Scheide an seinem Gürtel trug.

Mit aller Kraft stieß er das Messer dem wehrlos am Boden liegenden Mann in den Hals. Dabei vollführte er auch Schnittbewegungen in Richtung der oberen rechten Halsregion. Bewusst wählte Zurwehme diesen Teil des Halses aus, denn er wusste, dass der besonders empfindlich ist. Hier konnte er die Halsschlagader durchtrennen, gegebenenfalls auch die Luftröhre.

Er wollte sichergehen, dass das Opfer schnell verblutete.

Als der Täter sah, dass der Mann tot war, durchsuchte er dessen Kleidung nach Bargeld. Er fand kein Geld, nahm aber das Mobiltelefon an sich.

Außerdem steckte er den Schlüssel ein und nahm die Jacke des Mannes mit.

Das Handy des Toten warf er später weg, als dessen Akku leer war und es für ihn deshalb nicht mehr zu gebrauchen war. Auch die Jacke und die Schlüssel warf er zu einem späteren Zeitpunkt weg.

Was dann geschah, war einfach nur rätselhaft: Er schüttete dem Opfer einen Eimer mit Bauschutt über den Körper und stellte einen geöffneten Schirm über die Leiche.

Bei den Untersuchungen konnte kein Motiv für dieses Verhalten gefunden werden. Auch Zurwehme selbst konnte

uns in den späteren Vernehmungen nicht erklären, warum er das getan hatte.
Plötzlich klingelte das Handy, das er kurz zuvor an sich genommen hatte.
Der Täter nahm das Gespräch an und stellte kurz darauf fest, dass die Ehefrau des Toten am Telefon war.
Sie wartete mit dem Mittagessen auf ihren Mann. Die Ehefrau war verwundert darüber, dass nicht ihr Mann am Telefon war, sondern eine ihr unbekannte männliche Person.
Zurwehme erklärte der Anruferin, dass ihr Mann im Augenblick verhindert sei, den Grund dafür würde er ihr gerne persönlich mitteilen.
Spontan fragte er nach ihrer Wohnanschrift. Immer noch verwirrt darüber, dass ein Fremder am Telefon war, nannte sie ihm ihren Namen. Außerdem gab sie ihm Auskunft über ihre Adresse und sagte, dass sie in der zweiten Etage des Hauses wohne. Weiterhin schilderte die Frau Zurwehme den Weg zu ihrem Haus.
Das Opfer in der Villa hatte erklärt, er sei der Bauleiter. Zurwehme war deshalb überzeugt davon, dass bei ihm zu Hause Bargeld zu finden war."
Auf dem Grundstück vor uns hatte also das Haus gestanden, in dem Zurwehme 1999 seine Mordserie begann.
Hier schlief er, hier wurde er unsanft geweckt und hier brachte er den Hausherrn kaltblütig um.
Hier am Ende einer Sackgasse, unmittelbar am Rhein.
Da hinten ist Dieter Zurwehme mit seinem Fahrrad hergefahren, geht es mir durch den Kopf. Dann hat er das beeindruckende Haus gesehen, und ihm ist der Gedanke gekommen, dass er hier einen sicheren Unterschlupf finden könnte.
„Der Täter machte sich jetzt auf den Weg zur Wohnung", reißt Gerhard mich aus meinen Gedanken. „Das werden wir jetzt auch tun."

Der ehemalige Kommissar und ich steigen ins Auto. Er kann nicht drehen auf dem schmalen Weg, an dessen Ende wir stehen, so dass er etwa zehn Meter zurücksetzen muss. Langsam wird die Villa kleiner, die er mir als den „Zwilling“ des abgerissenen Hauses vorgestellt hat.
Gerhard wendet den Wagen auf einem Park&Ride-Parkplatz. Die Straße wird jetzt breiter. Auf der linken Seite, etwas zurückversetzt in Richtung Rhein, stehen einige Villen, die jeweils mit hohen Zäunen und Toren eingegrenzt sind. Auf der rechten Seite der Straße, die wir entlang fahren, verlaufen hinter einer Lärmschutzmauer, vor der einige Büsche stehen, die Gleise. Wenn Güterzüge vorbeifahren, wird es hier sehr laut sein. Generell sieht die Gegend sehr trist aus, was auch an einer großen Überführung aus grauem Beton liegen mag. Als wir der Straße folgen, kommen wir auf eine Hauptstraße. Links sehe ich ein Weingut und weitere Häuser. Auf der rechten Seite führen noch immer Gleise entlang. Wir erreichen wieder das rötliche Bahnhofsgebäude, kommen am Café vorbei, in dem wir eben gesessen haben. Nicht weit davon zweigt ein Weg in die Remagener Fußgängerzone ab.
Die Straße verläuft immer weiter geradeaus. Irgendwann geht sie einen kleinen Hügel hinunter. Auf der rechten Seite steht hinter den Gleisen ein Fastfood-Restaurant. Wenn es damals schon hier war, dürfte es auch Zurwehme nicht entgangen sein. Vielleicht wurde er für einen Moment stutzig, denn er dürfte hungrig gewesen sein. Doch die Eile ließ ihm keine Zeit. Weiter ging es in Richtung Sinziger Straße …
Nach etwa einem Kilometer gelangen wir an eine Kreuzung. Links geht es in die Stadt hinein, in Richtung Rhein, rechts führt eine Unterführung für Autos und Fußgänger

unter den Gleisen hindurch. Hier muss Zurwehme entlanggegangen sein. Nach der mit Graffiti besprühten Unterführung sehe ich auf auf einem Hügel das Krankenhaus. Es ist gelblich und nicht sehr ansehnlich.

Links liegt wieder ein Park&Ride-Parkplatz, auf dem wir kurz anhalten. Von hier aus kann man auf die Rückseite einiger Mehrfamilienhäuser blicken. Gerhard zeigt auf eines davon, das ziemlich verfallen ist:

„Dies ist das Mehrfamilienhaus, in dem die Morde geschahen." Wir stehen auf der Sinziger Straße, einer ziemlich breiten, dicht befahrenen Straße mitten in Remagen. Ich sehe, dass sich hinter den Mehrfamilienhäusern Garagen und kleine Gärten befinden. Einige Meter weiter steht eine Tankstelle.

Der Weg von der Villa bis hierher war nicht weit. Ich schätze, dass wir kaum fünf Minuten gefahren sind. Zu Fuß mag man doppelt so lange brauchen. Gerhard parkt am Krankenhaus, das etwas weiter oben auf der gegenüberliegenden Straßenseite der Wohnung liegt. Die Entfernung bis dorthin beträgt keine hundert Meter.

„Auf geht's", sagt Gerhard. Ich spüre, dass es ihm nicht leichtfällt, zur Wohnung zu gehen.

Wir überqueren die Straße. Vor der Wohnung ist eine kleine Baustelle. Deshalb müssen wir an einer Ampel warten. Dann stehen wir direkt vor dem Haus.

Es ist wirklich nicht gerade schön, ein braun-rötlich gestrichenes Gebäude.

Hier hat Zurwehme auch gestanden.

Passt die Hausnummer?

Passt der Name an der Klingel?

Und hier stehen wir jetzt ebenfalls. Aus der Nähe sieht das Haus geradezu verwahrlost aus. Kaum jemand scheint mehr hier zu wohnen. Ich merke, dass Gerhard etwas angespannt

ist. Die Situation ist auch für ihn nicht alltäglich. „Ich war seit Jahren nicht mehr an dem Tatort“, sagt er.
Ich werfe einen Blick durch ein Fenster des Hauses. Reine Neugierde. Erkennen kann ich sowieso nichts, aber das, was ich von Gerhard gehört habe, beflügelt natürlich die Fantasie. Ich sehe nach oben. Dort ist das Fenster, das die Frau aufgerissen hat. Wie verzweifelt muss sie gewesen sein, was hat sie nicht alles versucht, um auf sich aufmerksam zu machen – in der Hoffnung, dass jemand sie bemerkt und das Grauen beendet!
„Ob die jetzigen Bewohner wissen, was sich hier abgespielt hat?“, frage ich.
„Ich denke nicht, dass sie was davon wissen. Die Sache ist ja auch schon etwas her. Und wenn man es beim Vermieten erzählt, zieht doch keiner mehr in die Wohnung ein“, sagt Gerhard Starke dazu.
Wir gehen an dem Hinterhof vorbei, der an dem Mehrfamilienhaus liegt. Hier stand damals der Wagen, mit dem Zurwehme geflohen ist, erklärt mir mein sachkundiger Begleiter. Die Sinziger Straße führt vom Haus aus einen Berg hinunter. Wir gehen weiter, bis wir am Grundstück des Mehrfamilienhauses vorbei sind. Auf der rechten Seite befindet sich der Parkplatz, auf dem wir eben gehalten haben. Noch ein Stück weiter führt die Sinziger Straße um eine Kurve und unter einer Brücke entlang.
Der Parkplatz wurde offenbar angelegt für Leute, die am Rhein spazieren gehen wollen. Er ist nicht besonders groß, aber trotzdem recht leer.
Wahrscheinlich liegt das am schlechten Wetter. Wir beide sind schon froh, dass es aufgehört hat zu regnen.
„Hier können wir uns in Ruhe weiter unterhalten“, sagt Gerhard. Während des kurzen Stückes zum Parkplatz hat er geschwiegen.

„Nun kennst du die Örtlichkeiten und den Weg, den Zurwehme damals zurückgelegt hat. Einiges wird sich seither verändert haben, doch du siehst es den meisten Gebäuden an, dass sie damals schon standen."

Er holt wieder einen Schnellhefter aus seiner Tragetasche und blättert darin. „Ich will dir ja nichts Falsches sagen ...", schmunzelt er.
Als Gerhard seine Infos zusammen hat, verstaut er den Hefter wieder und beginnt: „Zurwehme ließ sein Fahrrad bei der Villa und legte den Weg zur Wohnung zu Fuß zurück. Eine Passantin hatte ihm gesagt, dass es nicht weit sei bis zur Sinziger Straße, und die sei in der Nähe des Krankenhauses. Die Frau wusste ja nicht, wem sie die gewünschte Auskunft gab und welchem Zweck sie diente."
„Unglücksengel!", entfährt es mir spontan.
„Das Wort ist in dem Zusammenhang sicherlich zutreffend", sagt Gerhard nüchtern. „Doch hätte er den Weg auch ohne die Frau gefunden."
Dann nimmt er den Faden wieder auf:
„Während sich der Täter also der Sinziger Straße näherte, machte sich Frau Sauer ihre Gedanken über den merkwürdigen Anrufer. Sie war in großer Sorge, denn ihr Mann war doch erst einen Tag vorher aus dem Krankenhaus entlassen worden.
Nun hieß es in dem Telefonat, ihm sei etwas zugestoßen. Voller Panik rief sie im Krankenhaus an und fragte nach. Dort war er aber nicht eingeliefert worden.
Daraufhin telefonierte sie mit ihrem Bruder und ihrer Schwägerin. Sie wusste, dass beide in einem Restaurant in Remagen essen waren.
Aufgrund dieses Telefonates machte sich ihre Schwägerin sofort auf den Weg zu Frau Sauer. Sie hatte ihr eigenes Auto

dabei. Ihr Mann musste noch die Rechnung im Lokal begleichen und fuhr danach ebenfalls zu seiner Schwester. Nicht geklärt werden konnte, warum die beiden mit zwei Fahrzeugen zum Lokal gefahren waren.

Zurwehme war kurz nach 13.00 Uhr hier in der Sinziger Straße. Sein Ziel war es, von der Frau möglichst Bargeld zu bekommen. Er dachte auch, dass sie gegebenenfalls im Besitz von Bankkarten sei, und war zuversichtlich, dass er erfolgreich sein würde, denn schließlich hatte er ja seine Schreckschusswaffe dabei. Mit den entwendeten Schlüsseln öffnete er die Haustür. An der Wohnung der Familie Sauer angekommen, stand die Frau in der geöffneten Wohnungstür und erwartete den unbekannten Mann. Sie war immer noch verwundert über den Anruf, und nun noch mehr, als sie sah, dass der Fremde die Jacke ihres Mannes trug. Trotzdem bat sie ihn rasch in ihre Wohnung.
Aufgeregt fragte sie im Wohnzimmer nach ihrem Mann. Sie untermauerte ihre Sorge mit der weiteren Äußerung, dass ihr Mann erst gestern aus dem Krankenhaus entlassen worden sei. Zurwehme gab emotionslos Auskunft und äußerte lapidar: Er sei noch in der Villa.
Es sollte bedrohlich klingen, als Frau Sauer mit fester Stimme sagte, sie habe ihren Bruder und ihre Schwägerin informiert. Sie würden jeden Augenblick hier bei ihr erscheinen. Langsam bekam es die Frau mit der Angst zu tun. In diesem Augenblick traf die Schwägerin von Frau Sauer ein. Sie war ja schon vorgefahren und hatte einen Schlüssel von der Wohnung.
Kaum später kam auch ihr Ehemann an.
Im Wohnzimmer trafen die beiden auf Frau Sauer und Zurwehme. Sie wollten wissen, wo der Verwandte sich aufhalte und wie es ihm gehe.

Der Täter war nicht in der Lage, sofort eine befriedigende Auskunft zu geben. Herr Braun griff in seine Jacketttasche und holte sein Handy heraus.
Er erklärte, er rufe jetzt die Polizei. Der Mann begann, die Telefonnummer einzugeben.
Zurwehme geriet in Panik. Er griff in seine Hosentasche und zog seine Schreckschusspistole. Er schrie Herrn Braun an, sofort sein Handy wegzulegen. Zurwehme richtete seine Waffe auf den Mann, der daraufhin gehorchte.
Der Verbrecher holte seine Handfesseln heraus und fixierte damit die Hände von Herrn Braun auf dem Rücken.
Jetzt wurde Zurwehme hektisch. Ihm war klar, dass er nun schnell handeln musste! Deshalb wandte er sich den beiden Frauen zu. Sie standen – beide offensichtlich unter Schock – im Wohnzimmer und hatten das Geschehen ungläubig beobachtet.
Zurwehme bedrohte die Frauen mit der Pistole und fesselte ihnen die Hände auf den Rücken. Dazu benutzte er das Klebeband, das er aus der Villa mitgenommen hatte. Nachdem die drei Personen gefesselt und ihm damit wehrlos ausgesetzt waren, fragte er nach dem in der Wohnung vermuteten Bargeld.
Die drei Personen reagierten nicht, weshalb er nun selbst den Wohnzimmerschrank durchsuchte. Er fand dort zwei Beutel mit Münzgeld sowie eine Börse mit Geldscheinen. Insgesamt handelte es sich um einen Betrag von etwa 8.000 DM.
Während Zurwehme sich im Wohnzimmer zu schaffen machte, wurden die drei Menschen unruhig. Sie redeten auf den Täter ein: Das werde ihm noch leidtun. Er werde sowieso nicht weit kommen.
Der Mann und die beiden Frauen liefen voller Angst in der Wohnung umher, schrien, wollten wissen, wo der Ver-

wandte sei und wie es ihm gehe. Sie hatten große Angst und befürchteten das Schlimmste.
Die Frau des getöteten Mannes begann zu weinen.
Zurwehme befürchtete, dass andere Hausbewohner oder Nachbarn auf das Geschehen aufmerksam werden könnten. Sofort richtete er die Pistole auf Herrn Braun und die beiden Frauen. Seine Drohung zeigte die erwünschte Wirkung, denn die drei Personen hörten gleich auf zu schreien. Zu groß war die Angst, dass der Täter sie erschießen würde.
Zurwehme drängte Herrn Braun und seine Frau ins Bad.
Von der Wohnungsinhaberin, die schon etwas älter war, ging sicherlich die geringste Gefahr für den Täter aus, dachte er sich wohl, und ließ sie deshalb an den Händen gefesselt im Wohnzimmer zurück.
Im Bad wickelte der Täter Klebeband um die Knöchel, Augen und den Mund des Mannes.
Danach stieß er den Gefesselten in die Badewanne, wo er auf dem Bauch liegen blieb. Anschließend fesselte er auch seine Frau und legte sie neben die Badewanne auf den Bauch.
Zurück im Wohnzimmer überklebte Zurwehme Frau Sauer in mehreren Lagen Augen und Mund. Jetzt führte er die Frau in das angrenzende Schlafzimmer und warf sie aufs Bett.
Er zog ihr die Strumpfhose aus, wobei er auch Unter- und Miederhose mit abstreifte, und fesselte damit ihre Beine. Sie wehrte sich dagegen, bewegte den Kopf hin und her und wurde laut. Offenbar hatte sich durch die heftigen Bewegungen das Klebeband über ihrem Mund etwas gelöst. Mehrfach fiel das Wort Polizei. Doch Zurwehme war natürlich stärker und brachte sie zum Schweigen, indem er ihr schließlich noch das letzte Stück von seiner Kleberolle über den Mund klebte."

Gerhard sieht wieder kurz von seinen Unterlagen auf und fasst in eigenen Worten zusammen, wie es nun weitergegangen ist: „Nachdem Zurwehme die drei Personen ruhiggestellt hatte, überlegte er, wie es weitergehen sollte: Die drei hatten ihn gesehen und konnten ihn beschreiben. Also war die Chance gering, für längere Zeit unbemerkt unterzutauchen. Außerdem würde er dann auch als Mörder des Mannes in der Villa gejagt. Nach kurzem Überlegen war ihm klar: Um vor der Polizei zu fliehen, musste er die Frauen und den Mann in der Wohnung ebenfalls töten.

Dies sollte mit seinem Stiefelkampfmesser geschehen.

Frau Sauer, die im Schlafzimmer auf dem Bett lag, sollte die Erste sein.

Zurwehme näherte sich ihr mit kleinen Schritten. Mit aller Kraft versetzte er ihr mehrere Messerstiche in den Hals.

Die Frau überlebte diesen Angriff schwerverletzt.

Die Schreie der Frau waren im Badezimmer zu hören. Die Reaktion von Herrn Braun war, dass er mit den gefesselten Füßen gegen die Badewanne hämmerte.

Der Täter fürchtete, entdeckt zu werden. Er ging ins Bad, ergriff die Schulter des Mannes, drehte ihn zur Seite und holte aus: Unglaubliche elf Mal stieß er ihm das Messer mit voller Wucht in die Brust! Außerdem stach er ihm das Messer noch zweimal in den Hals, wobei er erneut Schnittbewegungen machte.

Zurwehme wollte auf jeden Fall sichergehen, dass der Mann auch tot war. Es muss ein furchtbares Gemetzel gewesen sein. Im Obduktionsbericht heißt es später: ‚Durch die Stiche und Schnitte wurde die Brusthöhle mehrfach eröffnet, Rippen durchstochen und der Herzbeutel dreifach verletzt.‘

Herr Braun verblutete innerhalb kürzester Zeit.

Obwohl seine Frau, die neben der Badewanne lag, nicht sehen konnte, was sich abspielte, begann sie unter dem Eindruck des Geschehens mit den Beinen zu treten. Der Täter wandte sich der Frau zu und stach mehrfach mit dem Messer in ihren Hals. Einmal wurde der Hals komplett durchstochen. Aufgrund der schweren Verletzungen verblutete sie ebenfalls sehr schnell.

Unterdessen war es Frau Sauer im Schlafzimmer trotz ihrer schweren Verletzungen gelungen, ihre Fesseln zu lösen, das über ihren Mund geklebte Klebeband zu entfernen und das über ihre Augen gewickelte Band zum Hals herunterzuziehen. Sie konnte das Bett verlassen, sich zum Fenster schleppen und es öffnen.

Laut rief sie: ‚Mörder, Mörder!' Du kannst dir vorstellen, wie panisch sie war! Leider wurden ihre Rufe vom Straßenlärm verschluckt, doch Zurwehme hatte sie gehört: Er stürzte ins Schlafzimmer und riss die Frau vom offenen Fenster weg. Der Täter schloss das Fenster und erkannte auf der Straße ein Pärchen, das zu ihm heraufschaute.

Zurwehme verfiel jetzt in wilde Panik: Hoffentlich hatten sie die Rufe nicht gehört! Hoffentlich hatten sie ihn nicht erkannt, als er am Fenster stand! Hoffentlich verständigten sie nicht die Polizei! Dies müssen die Gedanken gewesen sein, die ihm durch den Kopf schossen, als er sich wütend auf Frau Sauer stürzte. Erneut versetzte er ihr wuchtige Messerstiche in den Hals. Der Täter ließ erst von ihr ab, als die Frau sich nicht mehr bewegte."

Mir fällt ein Detail ein, das bisher noch nicht aufgetaucht ist. „Du hast gesagt, dass Passanten gesehen hätten, wie eine Frau Gegenstände aus dem Fenster warf. Wann ist das geschehen?"

„Das kam jetzt: Zurwehme hielt Frau Sauer für tot und ließ sie im Schlafzimmer zurück. Die Frau lebte aber noch. Es

gelang ihr, sich noch einmal aufzurappeln und zum Fenster zu wanken. Die Schwerverletzte griff nach allen möglichen Gegenständen und warf sie hinaus, um auf sich aufmerksam zu machen: Einen tragbaren Fernseher, ein Regalbrett und einen Korb. Die Frau war in absoluter Todesangst! Irgendjemand müsste doch sehen, was hier vor sich ging! Es gelang ihr jetzt auch, Passanten aufmerksam zu machen, doch dann brach sie zusammen.
Zurwehme bekam von dem dramatischen Geschehen im Schlafzimmer nichts mit. Er war wohl gedanklich mit der Beseitigung der Spuren und der Vorbereitung seiner Flucht beschäftigt.
Was genau im Kopf des Täters vor sich ging, ist nicht nachvollziehbar und war später in seinen Vernehmungen auch nicht zu klären, denn da hielt er sich bezüglich dieser Minuten sehr bedeckt.
Jedenfalls ging er zurück ins Bad. Hier entfernte er das Klebeband von den Händen der toten Frau und warf es in die Toilette.
Danach ging er zu dem Toten in der Badewanne. Er entfernte die Handschellen von den Handgelenken und steckte sie ebenso wie das Messer in seine Jacke.
Zurwehme verließ nun offenbar seelenruhig das Badezimmer und schloss hinter sich ab.“
„‚Schloss hinter sich ab‘– warum das?“, wollte ich wissen.
Gerhard zuckt mir den Achseln. „Ich kann es nicht sagen. Man kann nur spekulieren: Hatte Zurwehme möglicherweise Angst vor den Leichen? Wurde ihm allmählich bewusst, was er angerichtet hatte? Wenn er vielleicht auch vorübergehend verwirrt war angesichts des Ausmaßes seiner Taten, dann kann es nicht lange gedauert haben, bis er wieder einen klaren Kopf hatte. Zurwehme ließ dann

nämlich wieder die ganze Kaltblütigkeit des skrupellosen Gewaltverbrechers erkennen: Er ging in die Küche und ließ das Spülbecken voll Wasser laufen. So wollte er sämtliche Spuren von sich beseitigen. Er legte die Klebebandrolle in das gefüllte Spülbecken. Bei der Verwendung des Klebebandes hatte er nämlich seine Handschuhe ausgezogen, da das Band ständig mit den Handschuhen verklebt war. Nun ging es natürlich darum, seine Fingerabdrücke, die zwangsläufig an dem Band waren, im Wasser unkenntlich machen. Einige von uns Ermittlern nahmen später sogar an, dass er die Absicht hatte, die Wohnung zu fluten, um sämtliche Spuren zu beseitigen. Zurwehme hat dies aber bestritten.
Trotz seiner professionellen Vorgehensweise machte er einen großen entscheidenden Fehler: Weil er das Bad abgeschlossen hatte, ließ er diesen Raum nun offensichtlich völlig außer Acht.
Deshalb kam ihm auch gar nicht mehr in den Sinn, dass im Bad ein Wasserglas stand, aus dem er getrunken hatte, als er keine Handschuhe trug.
Die Fingerabdrücke sollten die Polizei wenig später auf seine Spur bringen.
Zurwehme dachte in dem Moment nicht daran: Er wollte die Wohnung nur so schnell wie möglich verlassen.
Zwischenzeitlich war es 17.00 Uhr. Er hatte sich also etwa drei Stunden am Tatort, in der Wohnung der Familie aufgehalten. Ihm selbst, so wird er später aussagen, war das nur vorgekommen wie 15 oder 20 Minuten.
Er raffte das Bargeld zusammen, das er im Wohnzimmerschrank gefunden hatte, nahm das Jackett des getöteten Mannes mit sowie seinen Autoschlüssel. Im Hof stellte er fest, dass der Fahrzeugschlüssel zu einem kleinen Lieferwagen gehörte, dem Berlingo. Das Fahrzeug war vol-

ler Wein. Zurwehme schloss den Wagen auf und warf die mitgenommenen Gegenstände auf den Beifahrersitz. Dann startete er das Auto und fuhr quer über den Rasen aus dem Hof."

„Der Lieferwagen stand auf dem Hinterhof, an dem wir eben vorbeigekommen sind?", frage ich nach.

Gerhard nickt.

„Ob es denn niemandem aufgefallen ist, dass ein Auto, das nicht einmal besonders klein war, über den Rasen davonfuhr?"

„Das haben wir uns auch gedacht. Aber es hat uns niemand etwas dazu sagen können. Wie gesagt: Es war Sonntag, und die meisten Leute waren nicht zu Hause, weil sie Ausflüge unternahmen oder Verwandten Besuche abstatteten. Zurwehme konnte sich deshalb völlig unbemerkt davonmachen.

Er fuhr ohne Unterbrechung auf der Straße am Rhein entlang. Im Bereich von Mehlem sah er ein Hinweisschild zum Bahnhof. Offenbar dachte er, dass es gut sei, sich des Fahrzeugs zu entledigen, da dies seine Verfolger auf seine Spur bringen konnte. Er stellte den Lieferwagen deshalb in der Nähe des Bahnhofs ab. Den Schlüssel nahm er mit. Dann stieg er in den nächsten Zug, der in Richtung Köln fuhr."

Gerhard hält inne. „Vier Morde in wenigen Stunden", sagt er dann. „Und wir stehen hier bei dem Haus, in dem drei davon begangen wurden."

Fragen drängen sich mir auf. Ob die Leute, die heute hier wohnen, wissen, was sich damals ereignet hat? Ob sich vielleicht sogar jemand an diesen Nachmittag erinnert?

Wir sehen uns das Haus noch einmal von allen Seiten an und gehen dann ein Stück weiter. „Sonst ziehen wir noch mehr Aufmerksamkeit auf uns", sagt Gerhard. Auch ich

habe das Gefühl, dass die Leute aus dem Haus uns beobachten. Sie werden sich fragen, was das ungleiche Gespann da tut: Der ältere Mann, der mitten auf dem Parkplatz aus seinen Aufzeichnungen vorliest, und der junge, der ihm ungläubig zuhört.
Es wäre sicher interessant, Menschen aus dem Haus nach den Ereignissen von 1999 zu befragen. Ich teile den Gedanken Gerhard mit, und er hat nichts dagegen.
„Ich muss aber nicht dabei sein. In das Haus muss ich nicht noch mal hinein", sagt er, und ich kann das gut verstehen. Er geht vor zum Auto, und ich verspreche, mich zu beeilen. Dann gehe ich zum Mehrfamilienhaus und drücke die erste der beiden Klingeltasten, an denen noch Namen stehen. Keine Reaktion. Ich versuche es bei der zweiten Klingel, habe aber wieder keinen Erfolg. Ob die Leute uns wirklich gesehen haben und ahnen, warum wir hier sind? Vielleicht wollen sie einfach nichts mehr mit der Vergangenheit dieses Hauses zu tun haben? Mir scheinen diese Gedanken dann aber doch etwas zu gewagt. Vielleicht ist es einfach nur Pech, dass niemand zu Hause ist.
Ich gebe mein Vorhaben also auf und nehme mir vor, einige Leute auf der Straße anzusprechen. Die ersten Passanten wissen nichts von Zurwehme, einem sagt der Name überhaupt nichts. Dann treffe ich auf eine ältere Dame, und sie gibt mir bereitwillig Auskunft: „An den Zurwehme erinnere ich mich noch gut. Ein furchtbarer Mann. Wie kann ein Mensch so etwas machen? Wir hatten damals große Angst. Ich meine, dass ein Mörder in Remagen sein Unwesen treibt, in so einem kleinen Örtchen, das ist wirklich schlimm. Und dann wusste man ja auch nicht, wo er gerade ist, wo er sich aufhält. Die Familien kannte ich aus dem Ort. Wir sind zusammen aufgewachsen, sie waren in meinem Alter. Die Nachricht, dass sie ermordet wurden, hat sich wie

ein Lauffeuer verbreitet. Es hat ja Wochen gedauert, bis der Kerl endlich gefasst wurde. Ich hoffe nur, dass er nicht mehr auf freien Fuß kommt."
Ich bedanke mich bei der alten Dame und gehe auf eine Gruppe von Fußgängern zu. Freundlich sind sie alle, aber an Zurwehme und die Morde von damals kann sich niemand erinnern. Ich denke schon, dass ich es bei der einen Stimme belassen muss, als ich kurz vor Gerhards Wagen eine Frau in den Fünfzigern sehe. Ich spreche sie auf Zurwehme an und habe Glück.
„Das war sehr schlimm damals für mich", sagt sie nachdenklich und erzählt: „Ich bin am Abend auf dem Weg zu meiner Schichtarbeit an dem Haus vorbeigefahren und sah den Fernseher auf der Straße liegen. Die Polizei war schon vor Ort. Aber noch nicht im riesigen Aufgebot. Ich habe mich schon gefragt, warum ein Fernseher da liegt. Bis ich dann später erfahren habe, dass das Ehepaar ermordet wurde. Schrecklich. Auch für meinen Vater, der jetzt noch hier wohnt. Die Ehepaare waren auch hier bekannt, die eine Familie hatte schließlich ein Umzugsunternehmen."
Ich bin richtig happy, als sie mir dies berichtet! Natürlich darf ich mir angesichts der ernsten Thematik die Freude nicht anmerken lassen. Nach ein wenig Smalltalk bedanke ich mich höflich bei der Frau und gehe zum Auto.
„Mission erfolgreich?", will Gerhard wissen.
„Sehr", sage ich. „Ein Volltreffer dabei." Ich berichte ihm, was die letzte Frau mir erzählt hat.
„Da siehst du mal: Es gibt sie also doch noch, die Zeitzeugen von damals! Und wer das damals mitbekommen hat, der vergisst es sein ganzes Leben nicht."
Dann fährt er los. In der Nähe des Bahnhofs parkt er und holt einen anderen Schnellhefter aus der Tasche.

„Du willst sicher wissen, wie es weitergegangen ist."

„Gerne. Bis jetzt waren wir so weit: Zurwehme ist geflüchtet, die Polizei weiß, wer er ist und heftet sich vermutlich an seine Fersen."

„Das kannst du wohl glauben, dass sie das getan hat! Nachdem wir seine Identität festgestellt haben, wurden Fahndungsplakate gedruckt, sein Foto wurde in den Medien veröffentlicht, und es begann eine wohl einzigartige Fahndung quer durch Deutschland. Der Polizei ist es später gelungen, den Fluchtweg von Dieter Zurwehme mehr oder weniger genau nachzuvollziehen. Dazu wechseln wir die Perspektive."

Gerhard öffnet den Schnellhefter, den er dann aber nur hin und wieder zu Hilfe nehmen muss.

„Ausgangspunkt war das Mehrfamilienhaus in der Sinziger Straße. Oben lagen die beiden Toten und die schwerverletzte Frau. Wenige hundert Meter weiter würde die Polizei einen weiteren Toten finden. Zurwehme musste weg. Innerhalb von kürzester Zeit hatte er vier Menschen umgebracht – dass Frau Sauer noch lebte, wusste er ja nicht. Die Polizei würde schnell da sein. Hatte die Mieterin doch noch aus dem offenen Fenster gerufen!

Seine Absicht war es, so schnell wie möglich weit von Remagen wegzukommen. Zum Glück hatte er das Auto der Familie mitgenommen.

Wie ich dir bereits sagte, fuhr er mit diesem bis nach Mehlem. Hier stellte er das Fahrzeug auf dem Parkplatz ab und verschloss es. Ohne große Vorsicht walten zu lassen, ging er zum Bahnsteig. Aus einem Automat zog Zurwehme eine Fahrkarte nach Köln. In diesem Regionalzug überlegte er, ob er alle möglichen Fingerabdrücke am Tatort abgewaschen hatte.

Ihm fiel das Messer ein. Er suchte die Toilette auf und reinigte es dort. Es befanden sich noch Blutreste daran.

Als er in Köln ankam, war es noch hell. Am Hauptbahnhof stieg er aus und besorgte sich am Schalter eine Fahrkarte für eine Zugverbindung in den süddeutschen Raum.
Während der Wartezeit sprach er mit niemandem, außer beim Fahrkartenkauf. Er stieg dann in den Zug und suchte sich ein freies Abteil, wo er sich ans Fenster setzte. Auf der Fahrt sah er sich seine Beute näher an und stellte erfreut fest, dass es sich um etwa 8.000 DM handelte. Gegenstände aus der Wohnung, die auf die Tat schließen ließen, wie Portemonnaie und Handy, warf er in der Nacht aus dem Zugfenster. Weit nach Mitternacht kam er irgendwo in Süddeutschland an. Zwei oder drei Tage später gelangte er dann über einige Umwege nach Stuttgart.
Er benötigte eine kleine Campingausrüstung, um außerhalb von Dörfern und Städten übernachten zu können. Mit dem Rest des Geldes wollte er seinen Lebensunterhalt bestreiten. Er musste untertauchen, musste größere Ansammlungen von Menschen umgehen.
Bargeld besaß er ja nun, so dass er sich in einem entsprechenden Geschäft einen Rucksack, Wanderschuhe und ein Einmannzelt kaufte.
So ausgestattet, reiste er in den folgenden Wochen und Monaten ziel- und planlos durch ganz Deutschland. Wie lange er sich in Stuttgart aufgehalten hatte, konnte er später nicht mehr sagen. Er wusste nur noch, dass er um diese Zeit herum, so lange er noch Geld hatte, mehrfach in Hotels und Pensionen gewohnt und die Übernachtungskosten immer bezahlt hatte. Zurwehme fuhr kreuz und quer durch Deutschland, er gastierte jeweils für eine Nacht in Hotels in Ulm, Heidelberg und Dresden sowie in einer kleinen Pension in Berlin-Falkensee. Weitere Stationen waren München, Karlsruhe, Hamburg, Bremen und wei-

tere Städte bzw. Ortschaften, deren Namen er uns nicht mehr sagen konnte.
Mehrere Nächte verbrachte er in einer Pension in Lindau, wo er später, als er aus Mülheim/Baden kam, noch einmal abstieg.
Zurwehmes Irrfahrt führte ihn auch nach Berlin und von dort aus über Magdeburg nach Löberitz. Im Zug lernte er einen jungen Polen kennen. Dieser bot ihm Bier an und sagte, dass er Vater geworden sei. Zurwehme fragte ihn, ob er wüsste, wo er übernachten könnte. Der Mann erzählte ihm, dass er einen Bekannten habe, der gegebenenfalls Arbeit für ihn hätte. Er hatte nicht mehr allzu viel Geld, so dass ihm das ganz recht war.
Sie kamen nachts, etwa gegen 2.00 Uhr, am Bahnhof in Dessau an. Der Pole telefonierte mit dem Bekannten, der sie schließlich mit seiner Lebensgefährtin am Bahnhof in Dessau abholte. Auf der Fahrt nach Löberitz stieg der Pole bei sich zu Hause aus. Zurwehme fuhr mit dem anderen Mann zu dessen Wohnung. Er erzählte ihm, dass er auf der Flucht sei. Remagen erwähnte er dabei aber nicht. Der Mann bot ihm Arbeit an und sagte, dass er erst einmal von der Straße weg müsse und bei ihm wohnen könne. Der Mann war als Subunternehmer für eine Bautenschutzfirma aus Leipzig tätig, die bei den Leuna-Werken Strommasten säuberte bzw. strich. Zurwehme arbeitete dann für ihn. Zu seinem Pech wurde sein Helfer jedoch ein paar Tage später mit einem Haftbefehl wegen Fahrens ohne Führerschein verhaftet. Zurwehme hatte zwar vor, weiter dort zu arbeiten, doch die Bautenschutzfirma teilte ihm mit, dass dies nicht möglich sei, weil er keine Papiere habe. Er wohnte dann noch über das Wochenende in der Wohnung des Mannes, dessen Lebensgefährtin ebenfalls dort lebte. Zurwehme erfuhr von dieser, dass sich in der Sache ihres

Freundes für Montag eine Polizistin angemeldet habe, so dass er sich dazu entschloss fortzugehen. Die Frau ahnte offenbar nicht, dass er auf der Flucht war. Einen Lohn hatte er von der Firma nicht bekommen. Er sagte zu der Frau, dass sie das Geld, wenn es denn bezahlt würde, für Kost und Logis behalten könne.

Von Löberitz aus fuhr er dann mit dem Zug Richtung Hanau. Dort brach er einen Wohnwagen auf, der in einem Schrebergarten stand, und übernachtete dort, ohne etwas zu entwenden. Er stahl danach in Hanau ein Fahrrad und fuhr mit diesem am Main entlang nach Miltenberg. Dies zog sich über mehrere Tage hin. Er übernachtete meist wieder in Schrebergärten beziehungsweise Gartenhäuschen. Von Miltenberg fuhr er mit dem Fahrrad wieder zurück nach Hanau.

Danach ging es – vermutlich mit dem Zug – nach Frankfurt. Dort versetzte er in einer Pfandleihe sein Fernglas, wofür er 70 DM erhielt. Von Frankfurt aus fuhr er am Anfang mit dem Fahrrad, später auch mit dem Zug nach Lindau. Am dortigen Bahnhof deponierte er sein Gepäck in einem Schließfach und fuhr dann mit dem Zug nach Basel. Am Bahnhof sah er zwei Bundesgrenzschützer, die Personen kontrollierten. Um selbst einer Kontrolle zu entgehen, schloss er sich einer Gruppe von sieben bis acht Menschen an, die durch eine offene Schranke gingen. Das war die Schweizer Grenze. Gut in der Schweiz angelangt, wollte er dort aber nicht bleiben und lief sofort wieder über einen Bahndamm in Richtung Weil am Rhein auf deutsches Gebiet. Dort stahl er ein Fahrrad und fuhr damit durch das Kandertal nach Mülheim/Baden.

Hier stürzte er mit dem Fahrrad, wobei er sich am Kopf verletzte. Dabei wurde auch seine Brille beschädigt und er ver-

lor auf einer Wiese am Weg ein Brillenglas. Zurwehme ging deshalb zu einem nahegelegenen Haus, um sich dort eine Sense auszuleihen. Ein Malermeister half ihm auch tatsächlich mit einer Sense aus, damit er die Grasfläche abmähen und das Glas besser finden konnte. Schließlich gelang ihm das auch.
Von sich aus bot ihm der Malermeister 70 DM für die Zugfahrt nach Lindau an. Da der Handwerker zu einer Baustelle musste, beauftragte er einen Gehilfen, ihn zum Bahnhof zu fahren. Dieser Mann wusste nur von dem angebotenen Geld nichts. Deshalb rief Zurwehme die Frau des Malermeisters an und schilderte ihr seine Notlage. Sie sah wegen der Entfernung keine Möglichkeit, ihm direkt zu helfen und riet ihm, zu einem Hotel in Müllheim zu gehen und dort in ihrem Namen nach dem Fahrgeld zu fragen. Dies tat er dann auch, und im Hotel wurden ihm wirklich die 70 DM ausgehändigt. Nachdem er sich eine Fahrkarte gekauft hatte, fuhr er mit dem Zug von Müllheim nach Lindau. Er hatte am dortigen Bahnhof schließlich sein Gepäck deponiert. Zuvor hatte er noch mit der Pension in Lindau telefoniert, in der er bereits einen Monat vorher genächtigt hatte. In dem Telefonat schilderte er, dass er überfallen worden wäre und dass er deshalb kein Geld mehr hätte. Man bot ihm an, ihn aufzunehmen und ihm Geld für eine Heimreise zu geben. Als er in der Pension war, fiel ihm dann auf, dass er bei dem Telefonat in der Telefonzelle vermutlich sein Portemonnaie liegengelassen hatte. Es waren bereits mehr als vier Stunden vergangen. Er ging nochmals zurück, um sein Portemonnaie zu suchen. Da er es nicht mehr fand, rief er sogar das örtliche Fundbüro an, um sich nach seiner Geldbörse zu erkundigen.
In der Pension wurden ihm bereits am Abend 200 DM geliehen. Er schlief dort und brach am nächsten Morgen wie-

der auf. Daraufhin holte er sein Gepäck aus dem Schließfach am Bahnhof Lindau und stieg in einen Zug Richtung Norden. In Süddeutschland fühlte er sich nämlich nicht besonders wohl."

Gerhard muss eine kleine Pause einlegen, um weiterzublättern.

„Du siehst, wie gutgläubig die Menschen waren", sagt er währenddessen.

Mein optischer Eindruck von Zurwehme ist sofort wieder da – der Künstlertyp. Wieso sollten die Leute einen Verbrecher dahinter vermuten? Wenn er dann auch noch die richtigen Umgangsformen hatte, war es ihnen nicht zu verdenken, dass sie ihm geholfen hatten.

Gerhard hat inzwischen die Stelle gefunden, an der es weitergeht:

„Zurwehme war in Norddeutschland aufgewachsen und hatte die meiste Zeit dort verbracht. Es zog ihn deshalb zurück gen Norden. Sein Ziel war die Stadt Kiel. Das Geld für die Fahrkarte reichte aber nur bis etwa Frankfurt. Wo er ausstieg, wusste er später nicht mehr. Jedenfalls stahl er wiederum ein Fahrrad und fuhr dann in Richtung Hannover und Lüneburg jeweils auf Radwegen an den Hauptstraßen entlang. Auf dem Weg in Richtung Norden übernachtete er wieder in Gartenlauben, wo er sich wieder mit Lebensmitteln versorgte. Sein Zelt hatte er schon längere Zeit nicht mehr. Er hatte es irgendwo liegen lassen, nachdem es wegen Nässe leicht angemodert war.

Von Lüneburg fuhr er in Richtung Kiel. Auch hier hielt es ihn nicht lange, und er zog Ende Juni weiter nach Lübeck und Brunsbüttel."

So unauffällig wie möglich tippe ich den letzten Namen in mein Smartphone.

Trotzdem kommt mir der frühere Kriminalhauptkommissar sofort auf die Schliche.
„Nun sag schon, was spuckt dein Handy aus über die Stadt?“
Ich muss lachen, gebe ihm aber natürlich Auskunft: „Brunsbüttel ist eine Industriestadt ganz im Norden Deutschlands. Sie liegt an der Mündung der Elbe in die Nordsee. Auf ihrem Gebiet liegen die Schleusenanlagen des Nord-Ostsee-Kanals, der meistbefahrenen Wasserstraße der Welt.“
„Dann wissen wir das auch mal“, sagt Gerhard lachend und setzt seinen Bericht fort: „Zurwehme fand in diesem Ort ein Mountainbike, das ihm so gefiel, dass er es sofort stahl. Mit diesem Fahrrad fuhr er wieder nach Kiel zurück. Dort übernachtete er in einem Schrebergartenhaus. Doch bereits am zweiten Tag kam der Sohn des Besitzers, der seinen CD-Spieler aus dem Häuschen holen wollte. Zurwehme erklärte ihm, dass er obdachlos sei und nur in der Hütte schlafen wolle. Er bot an, Gartenarbeit für ihn zu verrichten. Der Mann zeigte sich einverstanden und Zurwehme blieb noch eine knappe Woche dort. Während der Zeit stahl er sich Nahrungsmittel aus benachbarten Häusern. Er wurde außerdem von einem Nachbarn mit Essen versorgt, für den er die Bäume stutzte.
In diesen Tagen unternahm Zurwehme zwei Ausflüge mit dem Fahrrad.
Seine Menschenscheu hatte er inzwischen abgelegt. Da ihn ohnehin niemand erkannte, konnte er sich auch mit den Leuten unterhalten. Auf seiner Flucht suchte er nun immer häufiger den Kontakt zu Menschen und fragte sie nach dem Weg oder nach Sehenswürdigkeiten. Daraus wurden oft längere Gespräche über allgemeine Themen. Da Zurwehme auf sein Äußeres achtete und er auf

seiner Reise immer sehr gepflegt war, hielten ihn alle Personen, die er angesprochen hatte, für einen Touristen."

Gerhard lässt seine Unterlagen sinken und sieht mich an:

„Während die Polizei also mit allen Mitteln versucht, ihn zu ergreifen, erkundigt sich der Kerl in Ruhe nach Sehenswürdigkeiten", sagt er.

„Man sah es ihm nicht an, dass er ein Verbrecher war. Deshalb gab es immer wieder Leute, die ihm geholfen haben", antworte ich.

„Da hast du Recht. Hinzu kommt, dass es Menschen gibt, die leider sehr gutgläubig und naiv sind, und Zurwehme hatte während seiner Flucht das Glück, auf einige von ihnen zu treffen."

„Dabei muss doch damals das ganze Land in Aufruhr gewesen sein ..."

„Das war so", gibt mir der ehemalige Kommissar Recht. „Und wir wussten am Anfang ja sehr wohl, was los sein würde, wenn wir den Namen preisgaben. Deshalb wollten wir natürlich erst zu hundert Prozent sicher sein, dass Dieter Zurwehme als Täter in Frage kommt. Doch die Spurenlage am Tatort bestätigte dies eindeutig. Und dann gingen alle Alarmglocken an, denn der Lebenslauf des Mannes, den du inzwischen kennst, gab allen Grund zur Sorge. Er war kein kleiner Ganove, der hier und da mal etwas gestohlen hatte. Er war ein Gewaltverbrecher, der schon über zwanzig Jahre wegen Mord im Gefängnis verbracht hatte – und dort eigentlich immer noch hätte sitzen müssen. Wir wussten: Der schreckt vor nichts zurück! Uns war klar: Zurwehme musste so schnell wie möglich gefasst werden, denn er stellte eine massive Gefahr für die Öffentlichkeit dar. Leider ergaben die Ermittlungen in der

Region um Remagen und Bonn keine weiteren Hinweise auf den Flüchtigen.
Sämtliche Mittel der Polizei zur Fahndung nach dem Verbrecher wurden aktiviert. Wie ich dir bereits sagte, nahmen wir jetzt die Hilfe der Medien in Anspruch: In Absprache mit der Staatsanwaltschaft wurden alle Zeitungen, Radio- und Fernsehsender informiert und um Mithilfe bei der bundesweiten Fahndung nach Zurwehme gebeten. Durch die Morde in Remagen waren sie ohnehin im Bilde, und so bot es sich geradezu an, den Wunsch nach Information mit dem Fahndungsaufruf zu verbinden. Es begann die größte Fahndung in der Bundesrepublik Deutschland. Die Polizei hat sämtliche Mittel eingesetzt, die ihr zur Verfügung standen. Neben Plakaten, die in der Region verteilt worden waren und die auch Lichtbilder von Zurwehme enthielten, nahmen die Ermittler gerne die Unterstützung der Deutschen Presseagentur an. Zurwehme war eine tickende Zeitbombe, eine große Gefahr für die Öffentlichkeit. Wir rechneten jederzeit mit einer neuen Horrormeldung."
Gerhard öffnet seine Tasche und holt ein Fahndungsplakat von damals heraus.
„Dies ist das Foto, das damals überall zu sehen war", sagt er und hält es mir hin. Ich nicke, denn ich kenne das Bild.
Wieder der finstere Blick, der in diesem Zusammenhang auch als kaltblütig interpretiert werden kann. Ich will mich immer noch nicht darauf festlegen, dass es eine typische Verbrechervisage ist. Aber der Mann auf dem Foto ist sicher kein Mann, nach dem sich die Frauen umdrehen.
Seine grauen Haare hat er nach hinten gegelt. Er wirkt recht kräftig. Die Augenbrauen weisen einen merkwürdigen Wirbel auf.

Nicht wirklich vertrauenswürdig, und der Vergleich mit einem Künstlertypen scheint mir in diesem Augenblick ziemlich unpassend.
Lange betrachte ich das Bild, bis Gerhard mich aus meinen Gedanken holt:
„Da alle Medien über Zurwehme und die Morde von Remagen berichteten, gingen wir Ermittler von einer Flut von Hinweisen aus der Bevölkerung aus. Dennoch: Diese Hilfe haben wir gerne in Anspruch genommen. Zurwehme musste einfach so schnell wie möglich gefasst werden! Das war unser oberstes Ziel. Jede Beobachtung hätte die entscheidende sein können.
Nach einem Hinweis aus der Bevölkerung konnte der entwendete Pkw gefunden werden. Er befand sich am Bahnhof Bonn-Mehlem. Zurwehme hatte mit dem Kleintransporter also etwa zwölf Kilometer zurückgelegt. Dafür hatte er fünfzehn bis zwanzig Minuten gebraucht. Da Sonntag war, kam er sicher schneller durch als an einem Wochentag, an dem um diese Uhrzeit der Berufsverkehr lief.
Wir stellten das Fahrzeug sicher, und die Kollegen vom Erkennungsdienst überprüften es auf Spuren. Leider konnten sie keine Hinweise auf den Gesuchten entdecken. Das war ein Indiz dafür, dass er bei und nach den Taten überwiegend Handschuhe getragen haben musste. Die Polizei erweitert die Suche nach dem Täter nun auf den Bahnhof, seine Umgebung und die Fahrgäste. Es wurde versucht, Personen zu ermitteln, die an diesem Sonntag nach 17.00 Uhr mit einem Zug von Bonn-Mehlem aus abgefahren waren oder zu diesem Zeitpunkt schon darin gesessen hatten. Wir suchten verzweifelt nach Menschen, die irgendwelche Beobachtungen gemacht hatten, als Dieter Zurwehme in einen Zug eingestiegen war. Doch sollte uns das nicht gelingen.

Deshalb suchten wir nun Anwohner im Bereich des Bahnhofs auf. Vielleicht fanden wir so einen Zeugen, der zufällig in der Nähe war, als Zurwehme das Fahrzeug abstellte.
Mit allen Mitteln versuchten wir Hinweise zu erlangen, die auf die Abfahrtszeit sowie auf die Kleidung schließen ließen, die der Gesuchte getragen hatte. Auch Gegenstände, die Zurwehme vielleicht bei sich hatte, wären hilfreich gewesen, um ihn zu finden. Jedes Detail war willkommen. Alles konnte wichtig sein, egal wie unwichtig es auf den ersten Blick schien. Wir mussten ihn finden.
Aus seiner Vorgeschichte wussten wir, das Ermittlerteam, dass Zurwehme sich nicht nur in Deutschland bewegte. Er hatte sich früher auch des Öfteren in den Niederlanden aufgehalten, um von dort aus in weiter entfernte Länder zu fliehen.
Da das in diesem Fall ebenfalls möglich war, wurden sämtliche Polizeidienststellen, der Bundesgrenzschutz, alle Landeskriminalämter, das Bundeskriminalamt und die Zollbehörden in die Fahndung mit eingebunden.
Die Staatsanwaltschaft Koblenz hatte eine Belohnung von 10.000 DM auf Hinweise ausgeschrieben, die zur Ergreifung von Dieter Zurwehme führten.
Das Echo des Medienaufrufs ließ nicht lange auf sich warten: Fast aus ganz Deutschland gingen Hinweise auf den Aufenthalt Zurwehmes ein.
Dann eine erste Spur: Fast zeitgleich wurde der Täter im Allgäu und in Lindau am Bodensee gesehen.
Die Stadt Lindau am Bodensee mit ihren fast 25.000 Einwohnern grenzt an die Region des Allgäus. Eine gute Ausgangsposition also, um sich ins benachbarte Ausland abzusetzen.
Wir fuhren natürlich schnell dahin. Mit Unterstützung der Kollegen vor Ort, die sich der Suche nach Zurwehme mit

vielen Einheiten anschlossen, überprüften wir diese Hinweise. Daraus ergaben sich aber keine konkreten Spuren – leider! Im Mai 1999 wurde Zurwehme mit einem vierfachen Mord an zwei niederländischen Ehepaaren in Südfrankreich in Verbindung gebracht. Grundlage dafür waren die Aussagen von Zeugen, die glaubten, ihn als Täter erkannt zu haben. Auch hatten die vier Toten ähnliche Verletzungen wie die Opfer von Remagen. Die französischen Behörden konnten jedoch einen einheimischen Bauarbeiter als Verdächtigen festnehmen. Zurwehme war es also nicht. Zum Glück nur ein Fehlalarm, und mir fiel kurzzeitig ein Stein vom Herzen. Auf der anderen Seite wussten wir damit auch, dass unser Täter noch frei herumlief, so dass die Suche nach ihm fieberhaft weiterging.

Dann erreichte uns eine traurige Nachricht.

Anneliese Sauer war im Krankenhaus gestorben. Sie erlag den schweren Verletzungen, die Zurwehme ihr zugefügt hatte.

Das war ein schwerer Schlag für uns. Wir hatten so mitgefiebert, dass sie es schaffen würde. Doch diese Hoffnung war zerstört. Zurwehme hatte in Remagen nun vier Menschen umgebracht.

Schade war natürlich auch, dass wir die Frau jetzt nicht mehr zu dem Tathergang befragen konnten. Gut, wir wussten, wer der Täter war, aber vielleicht hätte sie uns doch noch wertvolle Hinweise geben können, durch die man Zurwehme hätte ergreifen können. Möglich, dass er ihr etwas von seinen Plänen verraten hatte, vielleicht hatte er sogar bestimmte Orte genannt.

Wie dem auch sein mochte – wir mussten uns mit dem Tod von Frau Sauer abfinden.

Unterdessen gingen täglich neue Meldungen in Koblenz ein – womit wir ja gerechnet hatten.

Zurwehme wurde überall gesehen und war doch nirgends. Bei jedem Anruf hofften wir: Ist es ein brauchbarer Hinweis, der vielleicht zum Täter führt? Werden wir Zurwehme jetzt bald haben? Und immer wieder wurden wir enttäuscht. Die Hoffnung auf eine rasche Festnahme des Mörders sank von Tag zu Tag.
Natürlich machten wir uns nichts vor: Bei der bundesweiten Berichtserstattung war diese Fülle an Hinweisen nur eine logische Konsequenz. Auf der anderen Seite hatte die Polizei gehofft, auf diese Weise auch den Fahndungsdruck auf Zurwehme zu erhöhen. Leider schien alles ohne Erfolg zu sein.
Und dann kam eine furchtbare Meldung aus Thüringen! Polizisten hatten einen Mann erschossen, von dem sie dachten, es sei Zurwehme gewesen. Doch es war ein Wanderer aus Köln, Norbert Kohlmann. Eine Polizeipanne mit furchtbaren Folgen!“
Ich werde hellhörig, denn ich habe davon gelesen. Natürlich will ich wissen, wie es dazu gekommen ist. Gerhard gibt mir bereitwillig Auskunft und beschönigt nichts:
„Inzwischen war es Juni. Zurwehme war seit Dezember auf der Flucht. Im März, also drei Monate zuvor, hatte er in Remagen die schrecklichen Taten verübt.
Der Mitteldeutsche Rundfunk strahlte eines Abends eine Sendung mit einem aktuellen Fahndungsaufruf aus. Eine Frau, die als Kellnerin in einem Gastronomiebetrieb in Heldrungen im thüringischen Kyffhäuserkreis arbeitete, glaubte daraufhin, dass sie Zurwehme just an diesem Tag im Hotel gesehen hatte. Die Beschreibung aus dem Fernsehbeitrag traf ihrer Meinung nach genau auf den Mann zu. Außerdem hatte er Wanderrucksack, Stock und die weitere passende Wanderausrüstung dabei. Wie wir ja inzwischen wussten, waren das genau die Sachen, die sich Zurwehme

auf seiner Flucht angeschafft hatte. Sie waren deshalb in dem Aufruf erwähnt worden. Die Angestellte informierte ihren Chef, der wiederum die Polizei im nahegelegenen Nordhausen verständigte.
Sofort wurden Polizeibeamte in Zivil beauftragt, dem Hinweis nachzugehen.
Der Gast war unter dem Namen Norbert Kohlmann in diesem Hotel abgestiegen.
Als die Beamten diese Angabe überprüften, fanden sie heraus, dass tatsächlich ein Mann dieses Namens in Köln polizeilich gemeldet war.
Die Kollegen aus Nordhausen machten sich trotzdem zu dem Hotel auf. Dass der Mann eine tatsächlich existierende Identität führte, hieß noch nichts. Zurwehme konnte auf irgendeine Weise an den Namen gekommen sein.
Am späten Abend kamen die Kollegen an.
Leider hatten sie kein Bild Zurwehmes dabei, sodass sie die Zeugin nicht fragen konnten, ob es sich auch wirklich um den Gesuchten handelte.

Es war schon nach 23.00 Uhr, als sie sich vom Hotelwirt zum Zimmer des Gastes führen ließen. Sie klopften an die Tür: ‚Aufmachen, Polizei!'. Es öffnete niemand. Dann versuchte der Wirt selbst, mit dem Gast zu reden: Er solle doch bitte die Tür aufmachen. Als Kohlmann die Tür einen Spalt breit aufschob, musste er dunkel gekleidete Männer im Flur gesehen haben – mit auf ihn gerichteten Pistolen in ihren Händen. Offenbar aus Angst vor einem Überfall zog er die Tür reflexartig wieder zu.
In einer mir nicht nachvollziehbaren Reaktion feuerten die Polizisten im selben Moment zweimal durch die Tür auf Kohlmann, davon überzeugt, dass es sich um Dieter Zurwehme, den Mörder von Remagen, handelte. Sie nahmen

fest an, dass er die Tür nur aus Angst vor der Verhaftung geschlossen hatte.
Die erste Kugel traf den Mann mitten ins Herz. Er war sofort tot. Die zweite streifte seine Rippen.
Die Polizisten warteten nun auf ein Spezialeinsatzkommando (SEK). Gemeinsam mit den Kollegen betraten sie dann das Zimmer. Auf dem Boden lag der erschossene Mann.
Rasch stellte sich heraus, dass es nicht der gesuchte Dieter Zurwehme war, sondern tatsächlich der Rentner Norbert Kohlmann aus Köln. Der 62-Jährige hatte sich vorgenommen, Deutschland in mehreren Etappen von West nach Ost zu durchwandern. Offenbar zwangen ihn am 27. Juni 1999 Kniebeschwerden dazu, seine für den Tag geplante Tour bereits gegen Mittag abzubrechen. Deshalb nahm er sich in Heldrungen ein Zimmer. Die Wanderung sollte hier ein fürchterliches Ende finden."
„Hätten sich die Polizisten nicht erst davon überzeugen müssen, dass der Mann in dem Zimmer wirklich Zurwehme war?", frage ich.
„Natürlich hätten sie das. Außerdem hätten sie die Sache nicht alleine in die Hand nehmen dürfen. Spätestens als die Tür verschlossen wurde, hätten sie nichts mehr unternehmen dürfen und auf das Eintreffen des SEK warten müssen."
„Ich verstehe. Sie hätten sich ja sonst selbst unnötig in Gefahr gebracht."
„Genau so ist es", sagt Gerhard. „Es ist eben nicht so wie im Fernsehen, dass die Kommissare das alles selbst in die Hand nehmen. Das überlässt man dem SEK. Die sind dazu da und extra dafür geschult."
„Ich kenne es eigentlich nur aus alten Western, dass durch geschlossene Türen geschossen wird, oder von Oscar Pistorius ..."

„Ich eigentlich auch. Und von dem ehemaligen Boxer Bubi Scholz in Berlin. Aber der wird dir nichts mehr sagen. Er erschoss seine Frau ebenfalls durch eine Toilettentür. Allerdings musst du in unserem Fall auch verstehen, unter welchem Druck die Kollegen standen. Ganz Deutschland suchte nach Dieter Zurwehme. Die Medien hatten aus ihm ein Monster gemacht. Manche nannten ihn sogar ‚Killermaschine'."
„Ich denke mal, dass die Polizisten sich später für ihr Vorgehen verantworten mussten?"
„Davon kannst du ausgehen. Ich weiß allerdings nicht, was dabei herausgekommen ist."
Ich gebe den Namen des getöteten Rentners in mein Handy ein und werde rasch fündig.
„Nach Einschätzung der Staatsanwaltschaft handelte es sich um einen ‚tragischen Verwechslungsfall', eine fahrlässige Tötung, die jedoch ungesühnt bleiben müsse, da den schießenden Polizisten nichts vorzuwerfen sei", fasse ich zusammen.
„Verstehe bitte, dass ich dies nicht kommentieren möchte", antwortet Gerhard. Ich versuche, aus seinem Gesicht zu lesen, wie er zu der Sache steht, doch hat es der frühere Kommissar in den vielen Jahren seiner Berufstätigkeit gelernt, sich absolut nicht ansehen zu lassen, was in ihm vorgeht. Ich will aber auch nicht weiter nachfragen und bitte ihn, in seinem Bericht fortzufahren.
„Als ich von dem Vorfall hörte, war ich unendlich niedergeschlagen. Dieser Mann hätte nicht sterben müssen. Das hätte verhindert werden können! Der Fall führte zu Diskussionen in meinem Team. Natürlich haben wir Ermittler daraufhin unser Vorgehen überdacht. Jedoch kamen wir zu dem Schluss, dass es keinen anderen Weg gab, als die Öffentlichkeit weiterhin um Unterstützung zu bitten.

Trotzdem erhielt die Suche nach Zurwehme durch den unnötigen Tod von Norbert Kohlmann eine neue Qualität. Ich wusste, dass sich eine Eskalation wie in Thüringen auf keinen Fall wiederholen durfte. Die öffentliche Aufregung war deutlich spürbar, die Angst in der Bevölkerung wuchs jeden Tag mehr. Jetzt, wo überall zu lesen war, dass die Polizei einen entscheidenden Fehler gemacht hatte. Gerade deshalb war es für uns nun umso wichtiger, einen kühlen Kopf zu bewahren. Die Polizei durfte sich nicht von der allseits herrschenden Hysterie anstecken lassen, musste stillschweigend die Prügel einstecken und versuchen, weiter routiniert ihre Arbeit zu machen.
Ungeachtet aller Vorwürfe, die gelegentlich bis hin zu Anfeindungen gingen, ermittelten wir weiter. Das Ziel war einzig und allein, Zurwehme hinter Gitter zu bringen, alles andere blendeten wir aus."
Während Gerhard erzählt, sehe ich im Smartphone nach und finde weitere Details zum damaligen Vorfall in Thüringen:
Die Polizeibeamten, die die tödlichen Schüsse abgaben, wurden zunächst suspendiert. Es wurde ein Verfahren wegen fahrlässiger Tötung bzw. fahrlässiger Körperverletzung gegen sie eingeleitet. Dieses wurde aber bereits Ende 1999 eingestellt. In der Begründung der Staatsanwaltschaft hieß es, dass beide Beschuldigten erklärt hätten, „unabsichtlich, gleichermaßen als Reflex" geschossen zu haben. Dies wurde auch durch das Gutachten eines Kriminalpsychologen gestützt: Die Beamten hätten auf Grund einer „vegetativen Reaktion" geschossen. Sie seien schließlich davon überzeugt gewesen, dass hinter der Tür der international gesuchte Mörder Dieter Zurwehme stand. Dadurch sei eine Stresssituation entstanden, die das Urteilsvermögen der Polizisten eingeschränkt habe.

Ihre Schüsse seien folglich „aus Versehen“ abgegeben worden.
Nach Angaben der Staatsanwaltschaft sollte Norbert Kohlmann außerdem nach einer der Waffen gegriffen haben, die auf ihn gerichtet waren. In diesem „Gerangel“ habe sich dann eine Eigendynamik entwickelt, in der sich der tödliche Schuss gelöst habe. Die Angehörigen des Opfers wurden auf die Möglichkeit hingewiesen, Beschwerde gegen die Einstellung des Verfahrens einzulegen. Das taten sie zwar, konnten aber eine Bestrafung der Polizisten nicht erreichen, nicht einmal wegen unterlassener Hilfeleistung.
Ich behalte diese Informationen aber für mich, denn ich möchte Gerhard nicht noch mehr aufwühlen. Die Geschichte scheint ihn viel mehr mitzunehmen, als er sich anmerken lässt. Er war und ist im Grunde auch heute noch mit Leib und Seele Polizist. Ihm ist es wohl immer nur darum gegangen, so perfekt wie möglich zu arbeiten, um zu einem Ermittlungserfolg zu kommen, und wenn dann der Ruf der Polizei durch die Fehler Einzelner beschädigt wird, so treibt ihn das um und tut ihm geradezu körperlich weh. Zu seinem großen Ärger hat es dann aber weitere Fehlgriffe gegeben, die er mir ebenfalls nicht vorenthält.

„In Dresden wurde nach einem Hinweis aus der Bevölkerung ein Straßenmaler vorläufig festgenommen. Auch in diesem Fall war eine kurze Zeit später klar, dass es sich nicht um Dieter Zurwehme handelte. Der Mann wurde selbstverständlich wieder auf freien Fuß gelassen.
Der Druck auf die Ermittler wuchs und wuchs. Die Hinweise rissen nicht ab, wir gingen jedem einzelnen nach und klammerten uns an jeden Strohhalm.

In Gersfeld bei Fulda nahmen Polizeibeamte erneut einen Unschuldigen fest. Er sah Zurwehme zumindest noch ähnlich. In Nordhausen, in Thüringen, war dies nicht der Fall. Hier gingen Hinweise ein, die völlig unbrauchbar waren. Das war die absolute Panik! Für uns Polizisten wurde es immer schwieriger, mit dieser Hysterie umzugehen.

Dann ging ein recht konkreter Hinweis ein: Zurwehme sollte bei Hespe in Niedersachsen gesehen worden sein. In einer Großaktion durchsuchte die Polizei daraufhin ein Maisfeld – mit Hubschraubern, an denen Wärmebildkameras installiert waren, also sehr spektakulär. Das Polizeiaufgebot war gewaltig. Im Flutlicht fuhr ein Mähdrescher durch das umstellte Feld, in dem der Mörder vermutet wurde. Doch nichts. Keine Spur von Zurwehme. Die Suche wurde abgebrochen. Dieter Zurwehme konnte entkommen, wenn er denn überhaupt da gewesen war. Zwanzig Kilometer weiter durchkämmte eine Hundertschaft der Polizei ein Waldstück zwischen Wunstorf und Barsinghausen, ebenfalls in Niedersachsen. Die Bilder der Suchaktionen gingen durch sämtliche Medien. Und schon wieder gab es keine Entwarnung: Vom Mörder fehlte weiterhin jede Spur. Ein Jogger wollte Zurwehme angeblich im Berliner Grunewald gesehen haben. Das Naherholungsgebiet wurde daraufhin von etwa 300 Polizeibeamten durchsucht. Natürlich wieder ohne Ergebnis.

Dann kam ein weiterer Hinweis: Mehrere Menschen wollten den Mörder von Remagen im hessischen Landkreis Limburg-Weilburg gesehen haben. Die Polizei durchsuchte deshalb die Orte Kirschhofen und Gräveneck, die ihnen von den Zeugen als Aufenthaltsort von Zurwehme genannt worden waren. Es wurde jeder noch so entlegene Winkel durchforstet – leider ebenfalls ohne Erfolg.

Die Suche nach dem Mörder schien einfach kein Ende zu nehmen."
Gerhard macht eine Pause und atmet tief durch. Es geht ihm nahe, wenn er die Ereignisse von damals abruft.
„Es muss deprimierend gewesen sein, niemals eine wirklich heiße Spur zu haben", sage ich so einfühlsam wie möglich.
„Manchmal hatten wir sie, die heiße Spur, einmal war sie sogar besonders heiß, aber dann waren wir doch wieder zu spät und Zurwehme über alle Berge."
Gerhard deutet meinen fragenden Blick richtig.
„Es gab eine Episode, die war so ekelhaft, dass ich sie dir eigentlich ersparen wollte ..."
„Ich bin alt genug", versuche ich zu scherzen. „Das halte ich aus."
„Das weiß ich", sagt er ernst. „Ein Mädchen von fünfzehn Jahren hat es auch ausgehalten. Wenn du unbedingt willst, erzähle ich dir das."
Ich nicke leicht und bereite mich innerlich auf einen tiefen Abgrund vor.
„Du willst es so haben." Und dann setzt Gerhard mit leiser Stimme an:
„Zurwehmes Weg führte am 21. Juli 1999 entlang des Mittellandkanal bei Stadthagen."
Ich sehe im Handy nach: Der Mittellandkanal ist die längste künstliche Wasserstraße in Deutschland. Er misst über 325 Kilometer und verbindet die Flüsse Rhein, Elbe und Oder. Der Kanal fließt durch Städte wie Osnabrück, Hannover, Wolfsburg und Magdeburg. Stadthagen ist die Kreisstadt des Kreises Schaumburg und liegt etwa 40 Kilometer westlich von Hannover in Niedersachsen. Sie hat etwas mehr als 20.000 Einwohner.
„Bei einer Rast nach Mittag bemerkte Zurwehme auf der

gegenüberliegenden Kanalseite ein Mädchen. Er betrachtete es durch sein auf der Flucht gestohlenes Fernglas. Die junge Frau – für ihn war es eine – gefiel ihm.
Unablässig beobachtete er sie, und sie faszinierte ihn immer mehr. Dann fasste er den Entschluss, sie notfalls auch unter Androhung von Gewalt dazu zu zwingen, mit ihm zu schlafen. Wie lange hatte er schon keine Frau mehr gehabt? Dieses hübsche Ding, das musste er haben!
Er unterbrach seine Rast und überquerte an einer nahegelegenen Brücke den Mittellandkanal.
Das Mädchen saß inzwischen auf einer Bank, die direkt am Kanal stand. Zurwehme kam es schon sehr erwachsen vor. Das genaue Alter war ihm egal, für ihn zählte nur, was er sah.
Aus der Nähe betrachtet, war die junge Frau noch schöner als durch sein Fernglas. In seinen Gedanken stellte er sich vor, wie sich die Kleine wehrte, wie sie ihn anflehte, sie gehen zu lassen, wie sie begann zu schreien und zu wimmern.
Dies erregte ihn immer mehr.
Er sprach sie an und nahm neben ihr auf der Bank Platz. Mehrfach sah er sich um, um sicherzugehen, dass niemand kam.
Es entwickelte sich ein Gespräch. Die junge Frau war nett, fand er.
Unvermittelt zog Zurwehme dann seine Schreckschusspistole aus der Tasche und drückte sie gegen ihre linke Körperseite. Das Mädchen war völlig überrascht. Mit strenger Stimme forderte er sein Opfer auf, ruhig zu sein. Die Frau dürfe auf gar keinen Fall schreien. Er würde dann sie und mögliche Helfer erschießen. Seine Augen suchten dabei unruhig die Gegend nach möglichen Zeugen ab.

Zu seiner Beruhigung stellte er fest, dass noch immer niemand außer ihnen beiden da war. Niemand, der das Mädchen hätte schreien hören können.
Er fühlte sich deshalb sicher und befahl seinem verängstigten Opfer: ‚Nimm deine Hände auf den Rücken!'. Mit seinen Handschellen fesselte er der Jugendlichen die Arme auf dem Rücken. Vor lauter Angst erstarrte sie. Du musst dir ihre verzweifelte Situation vorstellen: Zurwehme war ohnehin schon viel stärker als sie, darüber hinaus sah sie die Pistole auf sich gerichtet, die sie für echt halten musste, und noch dazu waren ihre Hände auf dem Rücken gefesselt. Das arme Ding hatte keine Chance!
Zurwehme dagegen gefiel ihre Hilflosigkeit. Ihre Angst machte ihn regelrecht an!
Er nahm die Jacke, die die junge Frau wegen der warmen Temperaturen ausgezogen und auf die Bank gelegt hatte, und legte sie über ihre Schultern. Dann verschloss er sie im Brustbereich, damit zufällig vorbeikommende Zeugen die Fesselung des Mädchens nicht erkennen konnten.
Er erklärte seinem Opfer, dass er eine Bank überfallen habe und dass er nun eine Geisel brauche, falls die Polizei ihn finden würde.
Zurwehme war nicht nur erregt, er war auch aufgeregt. Er ließ die junge Frau aufstehen und ging mit ihr ein Stück entlang des Kanals, denn er suchte sein Fahrrad und seinen Rucksack. Da er in die falsche Richtung ging, musste er wieder umkehren und wurde bald auch fündig. Die Pistole trug er nun wieder in seiner Hosentasche. Dennoch war das Mädchen total eingeschüchtert.
Er zwang die Jugendliche jetzt, mit ihm in Richtung Wald zu gehen. Das Fahrrad schob er dabei. Unterwegs musste sie ihm ihren Namen nennen. Sie heiße Stefanie, antwortete sie unter Tränen.

Es geschah nun etwas, das eigentlich kaum zu verstehen ist. Auf dem Weg zum Wald kam ihnen eine Freundin von Stefanie entgegen. Die Teenager unterhielten sich kurz. Stefanie war so verängstigt, dass sie sich nicht traute, auf ihre Situation hinzuweisen. Wie sehr muss sie in Panik gewesen sein, wie gerne hätte sie die Freundin wissen lassen, dass sie gefesselt und bedroht wurde!

Doch die Arme hatte immer noch die Drohung des Täters im Kopf, jeden zu erschießen, der ihr helfen wollte. Sie wechselte ein paar Worte mit ihrer Freundin, der leider auch nichts auffiel. Dann gingen sie auseinander, und Stefanie war nun endgültig alleine mit Zurwehme.

Als sie den Wald erreicht hatten, stellte Zurwehme seinen Rucksack und das Fahrrad an einem Baum ab. Sie waren an einer kleinen Lichtung angekommen, die vom freien Feld aus nicht eingesehen werden konnte.

Er kramte aus dem Rucksack eine Dose Bier hervor und trank daraus. Auch Stefanie musste aus dieser Dose trinken. Für Zurwehme war es bereits die vierte oder fünfte Dose Bier an diesem Tag.

Die Jugendliche ahnte sicherlich, was jetzt kommen würde. Schnell erklärte sie dem Täter, dass sie erst 15 Jahre alt sei.

Fast beschwichtigend erklärte ihr Zurwehme: Er wolle doch nur ein bisschen Sex. Dann rollte er auch schon seine Isomatte aus. Er musste Stefanie dafür einen Moment aus den Augen lassen, war sich aber sicher, dass sie aus Angst nicht weglaufen würde. Er zeigte ihr Pornohefte, zog ihr die Jacke aus und legte sie rücklings auf die Matte. Dies war sehr schmerzhaft für sie, sie hatte ja immer noch die Hände auf dem Rücken gefesselt. Er begann nun, ihr die Kleidung vom Unterleib zu reißen. Um ihren Peiniger von weiteren Handlungen abzuhalten, erklärte

Stefanie ihm, dass sie ihre Tage habe. Auch dies nutzte nichts.
Zurwehme zog sich nun selbst Hose und Unterhose aus. Sein Kampfmesser legte er neben die Matte, ebenso wie seine Kleider. Er zwang Stefanie, die Beine zu spreizen, und legte sich dazwischen. Dann schob er ihr das T-Shirt und den BH nach oben. Zurwehme musste nun feststellen, dass sein Glied nicht steif wurde.
Brutal hob er den Oberkörper der jungen Frau hoch, sodass sie nun auf der Matte saß. Das war noch einmal sehr schmerzhaft für sie.
Der Vergewaltiger drückte dann ihren Kopf in Richtung seines Geschlechtsteils. Er steckte Stefanie seinen Penis in den Mund und forderte sie auf, ihn mit den Lippen zu drücken. Sie hatte keine andere Wahl, als ihm Folge zu leisten.
Sein Penis wurde trotzdem nicht steif, er zog ihn wieder aus dem Mund des Mädchens. Verärgert stieß er das Opfer auf die Matte und legte sich auf sie.
Nun küsste er Stefanie und versuchte seine Zunge in ihren Mund zu schieben. Alles Wehren nutzte nichts, und sie gab schließlich nach.
Die junge Frau bat nun darum, dass Zurwehme ihr die Handfesseln löse, sie habe starke Schmerzen an den Handgelenken. Weil er wusste, dass sie nicht weglaufen würde, tat er ihr den Gefallen. Gleichzeitig zog er ihr das T-Shirt und den BH ganz aus.
Wieder legte er sich auf Stefanie und versuchte, mit seinem Glied in ihre Scheide einzudringen. Es misslang. Sein Penis war nicht erigiert.
Zurwehme bewegte sich wie beim Geschlechtsverkehr. Er schrie ihr ins Gesicht: ‚Du geile Fotze! Ich fick dich! Du dumme Sau!'

Nach einiger Zeit unterließ er dies, denn auch so wurde sein Penis nicht steif.
Dann hatte er einen weiteren abscheulichen Einfall. Er erklärte dem Mädchen, dass er ihr jetzt in den Mund spucken werde, und sie müsse die Spucke herunterschlucken. Es sei ihm alles viel zu trocken beim Küssen.
Zurwehme beließ es nicht bei der Ankündigung.
Danach küsste er die Jugendliche erneut und versuchte wieder, seine Zunge in ihren Mund zu schieben. Er glaubte nun, in sie eindringen zu können, scheiterte aber wieder. Sein Penis wurde immer noch nicht steif.
Der brutale Vergewaltiger verlangte von ihr, dass sie seinen Penis noch einmal in den Mund nehmen solle.
Unvermittelt gab er sein Vorhaben auf und fragte das Mädchen, ob es schon einmal ‚in den Arsch gefickt' worden sei. Stefanie verneinte das und erklärte, sie wolle das auch nicht.
Der Täter erwiderte: Das sei doch geil.
Zurwehme drang dann mit dem Finger ein Stück in den After des Mädchens ein. Stefanie rutschte vor lauter Schmerzen von ihrem Peiniger weg. Infolgedessen zog er den Finger aus ihrem After und führte ihn in ihre Scheide ein.
Er manipulierte eine Zeitlang an ihrem Geschlechtsteil, bevor er erneut forderte, dass sie ihm ‚einen bläst'."
„Manipulierte an ihrem Geschlechtsteil" – Was für eine Sprache!, denke ich. Vielleicht aber nur der verzweifelte Versuch von Gerhard, das Geschehen für Erzähler und Zuhörer halbwegs erträglich zu machen, indem er es in ein nüchternes Behördendeutsch presst. Und schließlich: Welche Worte er auch immer wählen würde, sie alle würden dem grässlichen Verbrechen nicht gerecht!
Zum Glück ist die lange Liste der Abscheulichkeiten bald zu Ende: „Der Täter hatte sich bereits zwischen die Beine des

Opfers gekniet, als etwas in dieser Situation beinahe Unvorstellbares geschah.
Stefanie war am Ende, ihr war alles egal, und sie nahm plötzlich ihren ganzen Mut zusammen: Mit aller Kraft trat sie Zurwehme gegen den Penis.
Sofort fing dieser an zu bluten. Der brutale Vergewaltiger schrie vor Schmerz.
Stefanie griff geistesgegenwärtig nach dem Messer neben der Matte und hielt es schützend vor sich.
Zurwehme ergriff die Hand des Mädchens und drückte so fest zu, dass es das Messer fallen ließ. Dann ließ er von Stefanie ab. Er verband seinen Penis provisorisch und zog sich seine Unterhose und Hose an.
Auch die junge Frau durfte sich anziehen.
Gemeinsam verließen sie dann den Wald. Bevor Zurwehme sie gehen ließ, drohte er ihr nochmal: ‚Wehe, wenn du zur Polizei gehst!'. Er werde sie überall finden und sie dann umbringen.
Der Täter flüchtete unter großen Schmerzen mit seinem Fahrrad.
Sein Opfer fand zum Glück den Weg nach Hause. Die junge Frau konnte später nicht genau sagen, wie lange sie in der Gewalt ihres Peinigers gewesen war. Wenn überhaupt, dann würde es sehr lange dauern, bis sie das Erlebte verarbeiten konnte. Ich hoffe, dass sie irgendwie fertig geworden ist mit der Geschichte und Zurwehme ihr damit nicht das ganze Leben ruiniert hat!"
Gerhard kämpft mit den Tränen. „Das sind die Pollen", sagt er. „Die sind im Moment ja wieder so schlimm."
Ich bin mir sicher, dass seine Tränen eine andere Ursache haben. Die Geschichte geht ihm sehr nahe. Er hat Töchter in Stefanies Alter. Deshalb wird ihn der brutale Überfall damals umso mehr bewegt haben. Ich will nicht wissen, wel-

che Gedanken gerade im Kopf meines aufgewühlten Begleiters kreisen. Alles wird wieder da sein, vielleicht auch das, was er mit Zurwehme gemacht hätte, wenn er zu diesem Zeitpunkt in seine Finger geraten wäre! Und wer hätte es ihm verdenken wollen? Ein Mann Ende fünfzig stürzt sich wie ein Tier auf ein 15-jähriges Mädchen, erniedrigt und quält es bis an die Grenzen dessen, was ein Mensch ertragen kann!

Ich will Gerhard fragen, ob er damals mit seinen Töchtern über das Verbrechen gesprochen hat. Ob er ihnen erzählt hat, dass ein Mörder und Vergewaltiger frei herumläuft, der einfach nicht zu fassen ist? Oder ob sie es aus den Medien mitbekommen haben und ihn darauf angesprochen haben?

Ich verkneife mir die Frage schließlich, denn ich will den einstigen Ermittler nicht noch mehr mit den schrecklichen Bildern vom Sommer 1999 quälen. Das tut er schon selbst.

Ihm rollt eine Träne über die Wange. Unwillkürlich dreht Gerhard sich weg. Ich soll nicht sehen, wie sehr ihn diese widerliche Tat noch heute aufregt – obwohl ich das voll und ganz verstehen kann, denn ich selbst bin angesichts des Gehörten ebenfalls fassungslos. Diese Geschichte kann niemanden kaltlassen!

Gerhard zwingt sich zu einem Lächeln und sieht mich wieder an.

„Zum Glück ist das Grauen ja mittlerweile vorbei“, sagt er. „Und bei allem, was sie durchgemacht hat und wie lange es auch gedauert haben mag, bis sie das alles wenigstens halbwegs verarbeitet hat, so hat Stefanie trotz all ihrer Qualen doch großes Glück gehabt. Ich weiß, es klingt absurd, in diesem Zusammenhang überhaupt von so etwas wie Glück zu sprechen. Aber: Sie ist mit dem Leben davon

gekommen. Warum auch immer, aber Zurwehme hat sie nicht getötet!"
„Hoffentlich konnte sie wieder ein normales Leben führen", sage ich.
„Ich hoffe es. Leider weiß ich nicht, was aus ihr geworden ist. Die Betreuung der Opfer ist ja nicht Aufgabe der Polizei. Dafür sind andere da."
Ich merke, dass Gerhard noch nicht fertig ist. Etwas arbeitet in ihm, und dann sagt er mir auch, was es ist: „Wir Polizisten sind dazu da, die Täter hinter Schloss und Riegel zu bringen. Manchmal ärgern wir uns, wenn sie nach ein paar Jahren wieder frei herumlaufen und uns frech den Vogel zeigen. Aber was ist mit den Opfern? Sie haben oft ein Leben lang unter den Verbrechen zu leiden, wenn sie die dann überlebt haben. Und wenn nicht, sind es ihre Angehörigen, deren Leben durch den Verlust aus der Bahn geworfen wurde. Nur stehen diese Schicksale meines Erachtens viel zu wenig im Fokus. Von der Biografie des Täters – wie in dem Fall Zurwehme – wissen wir jedes Detail. Aber was ist mit den Opfern, was ist mit ihren Leiden? Wie wäre ihr Leben verlaufen, wenn sie einem Verbrecher wie Zurwehme nicht über den Weg gelaufen wären?"
Ich muss Gerhard auf der ganzen Linie Recht geben, und mir fällt ein aktuelles Beispiel ein: „Auch über den Attentäter, der Ende 2016 den Anschlag auf den Berliner Weihnachtsmarkt verübt hat, ist sehr viel bekannt geworden. Doch von seinen Opfern habe ich kaum einmal in der Zeitung gelesen."
„Das ist so", pflichtet Gerhard mir bei. „Gut, meistens wollen die Leute nicht an die Öffentlichkeit, wie die Familien aus Remagen. Aber ich finde, es ist zumindest wichtig, dass die Menschen erfahren, was die Opfer von Verbrechen alles durchmachen. Was heißt schon Vergewaltigung? Was ver-

birgt sich dahinter? Wer kennt schon solche Einzelheiten, wie ich sie dir gerade erzählt habe?“

Es folgt ein langes Schweigen. Ich lasse Gerhards Worte wirken und zwinge mich dazu, mir noch einmal bildhaft vor Augen zu führen, was Zurwehme der jungen Frau damals angetan hat. Es ist wahr: Was sich hinter dem nüchternen Begriff ‚Vergewaltigung‘ verbirgt, habe ich – zumindest in einer so drastischen Weise – noch niemals erfahren. Ich komme zu dem Schluss, dass wir, die Öffentlichkeit, die Schilderung solcher Einzelheiten aushalten müssen. Stefanie musste damals viel mehr aushalten!

Gerhard kommt dann wieder auf den Fall zu sprechen: „Die Spurensuche und die Auswertung sämtlicher Details ergaben eindeutig, dass der Täter, der die 15-Jährige überfallen und sich auf so schreckliche Weise an ihr vergangen hatte, kein anderer als Dieter Zurwehme war. Der Mann, der fünf Menschen ermordet hatte und seit Monaten auf der Flucht war, hatte mit einem weiteren furchtbaren Verbrechen gezeigt, dass er nichts von seiner Gefährlichkeit eingebüßt hatte. Die Tat brachte für uns aber auch neue Erkenntnisse: Wir mussten einsehen, dass wir mit unseren Fotos nicht mehr auf dem neuesten Stand waren. Das junge Opfer sagte aus, dass der Täter längst nicht mehr so aussah wie auf den Fahndungsbildern: Er sei nun viel schlanker und hagerer im Gesicht. Die Flucht, das tagelange Weglaufen, wenig Schlaf und schlechte, mangelnde Ernährung hatten an ihm gezehrt. Das war eine logische Konsequenz.

Er erzählte uns später übrigens, dass er bei dem ganzen Stress sogar seinen Geburtstag vergessen hätte ...“

Gerhard macht eine Pause, vielleicht will er den letzten Satz wirken lassen. Bewusst verzichtet er auf einen Kommentar, denn Polemik ist nicht sein Ding. „Ich kann mir vorstellen, dass durch die Nachricht von der Vergewaltigung die Angst bei den Menschen weiter zugenommen hat?"

Gerhard nickt: „Das hat sie wohl! Die Sorgen in der Bevölkerung und die Hysterie wuchsen von Tag zu Tag. Sie waren leider keineswegs unbegründet. Zurwehme konnte als tickende Zeitbombe gelten. Stündlich musste mit neuen Straftaten gerechnet werden, die er verüben würde. Schon wieder einen Mord? Oder eine Vergewaltigung? Wir Ermittler spürten diese Angst. Und wir waren ziemlich hilflos, was das anging. Ich persönlich war zutiefst erschüttert, als ich von der Vergewaltigung hörte. Zurwehme schien völlig enthemmt zu sein. Wir wussten: Der Mörder von Remagen hatte keinerlei Skrupel. Er tötete, ohne zu zögern. Es waren keine lang geplanten Taten. Es musste jeweils aus Panik oder aus Wut heraus passiert sein. Und der Fall der Vergewaltigung zeigte uns noch mehr: Zurwehme war wie ein wildes Tier – völlig triebgesteuert. Bereits in Remagen hatte er wie ein Wahnsinniger gewütet. Zugestochen, und immer wieder zugestochen! Bis er sicher sein konnte, dass seine Opfer auch wirklich tot waren! Dass es sich um Menschen handelte, hatte er dabei völlig ausgeblendet! Und genau die Fähigkeit, dies zu tun, machte ihn so gefährlich!

Uns ging damals die Frage durch den Kopf: Was würde geschehen, wenn ein solcher Verbrecher sich in die Enge getrieben fühlte? Ein Mann, der vor nichts zurückschreckte. Der nichts mehr zu verlieren hatte! Es war eine schreckliche Zeit. Wir wussten, dass jemand, der mit solcher Brutalität Menschen getötet hatte, da draußen frei herumlief, und konnten seiner einfach nicht habhaft werden.

Zurwehme war wie ein Phantom. Viele Hinweise, die bei der Polizei eingingen, stellten sich zwar als falsch heraus, doch auch die richtigen brachten uns nicht wirklich wei-

ter: Der Schwerverbrecher tauchte immer wieder kurz auf und verschwand gleich darauf auch wieder. Es war eine Art Katz-und-Maus-Spiel."
Die Verzweiflung von damals scheint wieder da zu sein. Hin und wieder schließt Gerhard die Augen, und dann taucht er völlig ein in diese Zeit, in den Sommer des Jahres 1999. Am 11. August war die große Sonnenfinsternis, die man auch in Europa sehen konnte. Das Ereignis hatte durchaus eine gewisse Symbolkraft für das, was sich damals abspielte. Für Zurwehme sollte es – wenn er es denn überhaupt realisierte – eher ein schlechtes Omen sein.
Die Ermittlungen liefen auf Hochtouren. Der Druck auf den Verbrecher nahm immer mehr zu. Gerhard öffnet seinen Ordner und vollzieht das letzte Stück von Zurwehmes Weg in Freiheit für mich nach:

„Auf seiner Flucht kam er nun nach Petershagen, einer Stadt im äußersten Nordosten von Nordrhein-Westfalen. Durch seinen verletzten Penis konnte er seine Flucht nicht mit dem Fahrrad fortsetzen. Er begab sich in eine abgelegene Scheune und versorgte dort vier Tage lang seine Wunde. Verbandsmaterial besaß er genug. Sein Fahrrad hatte er so versteckt, dass es nicht gleich gesehen wurde. Er schien sich sicher zu sein, dass der Landwirt die Scheune jetzt im Juli nicht täglich aufsuchte. Erntezeit war ja erst später.
Als die Verletzung an seinem Geschlechtsteil endlich ausgeheilt war, traute er sich wieder aufs Fahrrad.
Sein weiterer Weg führte ihn über Bremen und Bremerhaven nach Cuxhaven.
Am 26. Juli 1999 war er in der Nähe des Cuxhavener Ortsteils Berensch im Deichvorland. Hier begegnete er gegen 14.00 Uhr einer 20-jährigen Frau, die an diesem Nachmit-

tag zum Meer spazieren wollte.
Er wollte die junge Frau ansprechen, in diesem Fall nicht aus sexuellem Verlangen, sondern weil er seit einigen Tagen ohne jede Barmittel war. Die Frau führte eine Umhängetasche mit. Darin vermutete Zurwehme Geld.
Sein Entschluss stand fest, er musste nur den passenden Moment abwarten.
Als sie das Meer erreicht hatte, machte sie sich wieder auf den Rückweg.
Der Täter schaute mit seinem Fernglas in die Gegend und täuschte so vor, Interesse an der Landschaft zu haben. Tatsächlich wollte er nur sichergehen, dass keine Passanten in der Nähe waren. Er hatte Glück, niemand war da!
Zurwehme sprach die Frau an. Offenbar schaffte er es, ihr Vertrauen zu gewinnen, denn er brachte sie dazu, mit ihm am Wattenmeer spazieren zu gehen. Er stellte ihr alle möglichen Fragen, interessiert sich für persönliche Dinge ebenso wie für Berufliches. Irgendwann wollte die Frau wieder zurück in Richtung der Ortschaft gehen. Sie entfernte sich von Zurwehme, der ihr aber folgte und sie schließlich einholte.
Jetzt ging alles schnell: Der skrupellose Verbrecher stieß die Frau von hinten um, so dass sie neben dem Weg hinfiel. Zwar verletzte sie sich dabei nicht, war aber völlig schmutzig, denn sie war auf den Bauch gestürzt und lag jetzt im Schlick. Die Frau war total perplex. Dann blickte sie auch schon in die Mündung einer Pistole. Zurwehme stand über ihr.
Sie schrie und winkte mit den Armen, als sie sah, dass sich ein Spaziergänger näherte.
Zurwehme ärgerte sich: Hatte er den denn eben übersehen? Er befürchtete, dass der Fußgänger eingreifen würde und ließ von seinem Opfer ab.

Der Frau erklärte er, dass er sie gehen lasse, wenn sie nichts sage.
Zurwehme flüchtete mit dem Fahrrad. In der Eile vergaß er seinen Rucksack.
Nach der Tat in Cuxhaven fuhr er ohne Pause vier bis fünf Kilometer vom Tatort weg. Er kam zu einem größeren Waldgelände, welches als militärischer Sicherheitsbereich ausgewiesen war. In diesem Wald versteckte er sich mehrere Stunden lang. Danach ließ er das Fahrrad dort zurück, weil die Reifen defekt waren, und setzte seinen Weg zu Fuß fort. Er kam zu einem stillgelegten Bahnhof an einer noch funktionsfähigen Bahnstrecke in Cuxhaven. An diesem Bahnhof befand sich die Lagerhalle einer Baufirma. Neben der Halle stand ein Bauwagen, in dem er die Nacht verbrachte. Am nächsten Morgen entwendete er aus der Lagerhalle einen Mercedes-Benz Kleinlaster. Es war ein älteres Fahrzeug, aber er hatte Glück: Der Fahrzeugschlüssel steckte. Mit dem gestohlenen Kleinlaster fuhr er ohne Unterbrechung über Hamburg und Schwerin bis in die Nähe von Krakow. In dem Ort Plau machte er Halt, um dort zu übernachten. Dies war in unmittelbarer Nähe eines Gartengeländes. Hier wurde er von einem jungen Mann angesprochen. Er erzählte ihm, er sei unterwegs für die Baufirma, deren Namen auf dem Wagen stand. Nach einem kurzen Gespräch lud der Mann ihn in seinen Garten ein und bewirtete ihn dort. Bei Getränken und Essen unterhielten sie sich bis gegen Mitternacht. Dann trennten sich ihre Wege: Der junge Mann ging nach Hause und Zurwehme lief die paar Schritte zurück zu dem LKW, in dem er bis zum Morgen schlief. Dann fuhr er weiter nach Krakow. Zu seinem Pech ging ihm unweit der Stadt der Kraftstoff aus. Er stellte darum das Fahrzeug auf einem Platz in der Nähe eines Pfarrhauses ab, von wo aus er wieder zurück nach Plau ging.

Zurwehme hoffte, dass er dort ein Fahrrad entwenden könnte.
So war es dann auch: In Plau stahl er ein Damenfahrrad, mit dem er zur Gartenlaube fuhr, wo er am Abend zuvor mit dem jungen Mann gegessen und getrunken hatte. Er blieb eine Nacht dort und fuhr dann mit dem Fahrrad über eine Woche lang kreuz und quer durch das Gebiet der Mecklenburgischen Seenplatte. Er übernachtete wieder in Gartenhäusern.
Zurwehme kam dann im Kurort Waren an. Weil das Wetter sehr schlecht war, hielt er sich drei Tage lang erneut in einem Gartenhaus auf.
Am Sonntag, dem 15. August 1999, kam etwa gegen 17.00 Uhr ein junger Mann in die Laube. Der Verbrecher war gerade auf der Toilette, als dieser das Haus betrat. Zurwehme reagierte sofort: Er bedrohte den Mann mit der Pistole, fesselte ihn und raubte ihn aus. Dabei ging es ihm natürlich vor allem um Bargeld. Außerdem erpresste er von dem Wehrlosen die Geheimnummer seiner Geldautomatenkarte.
Seinen Fahrzeugschlüssel nahm er ebenfalls an sich. Mit Klebeband umwickelte Zurwehme dem Opfer Mund und Augen. Dann legte er den Mann hinter der Couch ab. Damit er nicht aufstehen konnte, stellte er einen Sessel und ein Fernsehgerät auf dessen Körper. Die Beute, die er machte, bestand unter anderem aus den Autoschlüsseln, einer Geldkarte und zirka 15 DM Bargeld.
Interessanterweise ließ Zurwehme im Gartenhaus ein Blatt Papier mit einer Art Entschuldigung zurück. Er täuschte eine Notsituation vor und schrieb, dass es seiner Lebensgefährtin gerade sehr schlecht gegangen sei. Möglicherweise handelte es sich dabei um den etwas naiven Versuch, seine Verfolger irrezuführen. Die Nachricht begann mit ‚Liebe Leute'. Man mag dies als gewisse Coolheit deuten, für mich

ist es ein Zeichen von Überheblichkeit, mindestens aber von Realitätsferne.
Anschließend fuhr Zurwehme mit dem Auto des Mannes, einem Skoda Kombi, nach Neubrandenburg. Das Fahrrad ließ er an dem Gartenhaus zurück. In Neubrandenburg fuhr er in das sogenannte Bankenviertel, um mit der geraubten Karte an einem Automaten Geld zu holen. Er hatte Pech: Obwohl er es an mehreren Geldautomaten versuchte, gelang es ihm nicht, eine höhere Summe abzuheben, denn es war nur noch ein sehr geringer Betrag auf dem Konto.
In Neubrandenburg ließ er das gestohlene Auto stehen und fuhr mit dem Zug nach Demin. Von dort aus fuhr er mit dem Bus weiter nach Rakow. Am dortigen Bahnhof las er, dass ein sogenannter Schienenersatzverkehr bis Grimmen eingesetzt war. Weil Abend war und kein Schienenbus mehr kam, entschloss er sich, zu Fuß über die Gleise in Richtung Grimmen zu gehen. Irgendwann in der Nacht stellt er fest, dass er die falsche Richtung eingeschlagen hatte. Er kehrte um, lief etwa einen Kilometer zurück und übernachtete an einem uralten Bahnhof, den er zuvor gesehen hatte. Am nächsten Morgen, also montags, ging er zu Fuß an der Gleisanlage entlang und über abgemähte Weizenfelder nach Grimmen. Dort übernachtete er wieder in einem Gartenhaus, wo er 20 DM Bargeld und einige Lebensmittel fand. Am Dienstagmorgen fuhr er dann von Grimmen mit dem Zug nach Stralsund. Dort wollte er sich wieder ein Gartenhaus als Unterkunft suchen. Auf dem Bahnhof in Stralsund sah er dann erstmals sein Fahndungsplakat."
„Das muss ein ordentlicher Schrecken für ihn gewesen sein", bemerke ich.
Gerhard nickt. „Davon darfst du ausgehen. Er musste zwar damit rechnen, aber als er dann so urplötzlich vor seinem

Konterfei stand, wird ihm doch etwas anders geworden sein. Zurwehme erfuhr tatsächlich erst zu einem späten Zeitpunkt, mit welcher Intensität wir nach ihm suchten. Eine Woche vor seiner Festnahme las er erstmals einen Artikel über sich in einer dieser Zeitungen mit den großen Buchstaben. Eine ganze Seite hatten sie ihm gewidmet, und sie benutzten dort wieder den Begriff ‚Killermaschine' für ihn, den die Öffentlichkeit in diesem Zusammenhang ja bereits kannte."

„Er hatte während seiner Flucht vermutlich so gut wie keinen Zugang zu irgendwelchen Medien, so dass ihm die Nachrichten, die die Leute damals bewegt haben, erst so spät begegnet sind ..."

„Richtig. Und trotzdem war ihm natürlich klar, dass wir uns an seine Fersen geheftet hatten. Ein Mann mit seiner kriminellen Erfahrung wusste, wie die Polizei arbeitete, und er konnte uns ja deshalb auch immer wieder erfolgreich durch die Maschen schlüpfen. Zurwehme verließ Stralsund dann übrigens auch nicht wegen des Fahndungsplakates, sondern weil er dort nichts Geeignetes für eine Übernachtung fand.

Er überlegte nur, ob er nach Greifswald oder nach Rostock fahren sollte. Der in ganz Deutschland gesuchte Verbrecher entschied sich für Greifswald, obwohl ihm dabei offenbar nicht ganz wohl zumute war. Später erzählte er uns, dass ihm seinerzeit der Spruch „In Greifswald wirst du gegriffen" durch den Kopf gegangen sei, doch habe er das nicht weiter ernst genommen.

In Greifswald angekommen, sah er auf einer Info-Tafel, an der ein Stadtplan befestigt war, nach, wo sich in dieser Stadt die Kleingartenanlagen befanden. Dies hatte er in anderen Orten auch schon so gemacht. Er notierte ein bis zwei Adressen solcher Anlagen und machte sich

auf den Weg. Dabei wollte er sich auch die Stadt ansehen.
Beim Versuch, eine geeignete Gartenanlage zu finden, erkundigte er sich an einem Kiosk nach der Straße. Der Name – es war die Martin-Luther-Straße – sagte aber dem Kioskbesitzer nichts. Zurwehme nannte ihm einen anderen Straßennamen in der Nähe der Anlage, den der Besitzer dann kannte. Es handelte sich um die Steinbeck-Straße. Er brach dorthin auf und fand die Kleingartenanlage, die er sich für die Übernachtung ausgesucht hatte. Durch ein Fenster drang er in ein Gartenhäuschen ein und nächtigte dort. In dem spartanisch eingerichteten Haus fand er Spaghetti, die er sich kochte. Am nächsten Morgen ging er vor die Tür und sah, dass zu dem Gartenhaus ein Taubenschlag gehörte, in dessen Nähe ihn ein schwarzer Hund beobachtete. Zurwehme entschloss sich, nicht mehr in dieses Haus zurückzukehren und machte einen Rundgang durch Greifswald. An einem Kiosk kaufte er eine Zeitung, um vielleicht einen weiteren Artikel über sich zu entdecken, wurde aber nicht fündig.
Er wollte sich dann eine neue Unterkunft suchen und ging durch das Gewerbegebiet. Es fing an zu regnen und Zurwehme kam an einer Art Busbahnhof vorbei, wo er sich an einem überdachten Haltepunkt unterstellen konnte.
Während er in seiner Tasche kramte, bemerkte er hinter sich plötzlich einen Mann, der ihn auffällig ansah. Noch dachte er sich nichts dabei, trotzdem sah er zu, dass er von dem Busbahnhof wegkam. Er ging dann noch zwei bis drei Kilometer durch das Gewerbegebiet in Richtung Bahnhof. Plötzlich entdeckte er in einer Entfernung von etwa 300 Metern einen Mannschaftswagen der Polizei.
Zurwehme wunderte sich, warum der Wagen wohl stehen-

blieb, denn unmittelbar davor fuhr ein weiterer Streifenwagen, der jetzt nach links abbog.
Ohne jeglichen Fluchtreflex setzte er seinen Weg fort und ging sogar auf den Mannschaftsbus zu.
Vom Gehweg aus sah er, dass der Bus mit zwei Beamten in Uniform besetzt war. Er stand immer noch. Als Zurwehme noch etwa drei Meter von dem Bus entfernt war, stieg der Polizist auf der Beifahrerseite aus und sprach ihn in ruhigem Ton an: ‚Allgemeine Personenkontrolle, können Sie sich ausweisen?'.
Zurwehme antwortete nur: ‚Ich bin der, den ihr schon so lange sucht'.
Der Beamte muss wohl etwas verdutzt gewesen sein, so dass sein Gegenüber nun sagte: ‚Ich bin der Zurwehme'.
Der Beamte fragte: „Sie sind der Zurwehme?".
Der Gesuchte wiederholte daraufhin seinen Namen.
Mittlerweile war auch der zweite Beamte ausgestiegen, und sie nahmen ihn gemeinsam fest. Zurwehme leistete keinerlei Gegenwehr. Als er in den Wagen stieg, bemerkte er, dass auf der Rückbank ein weiterer Mann saß. Es war der, der ihn zuvor an der Bushaltestelle gesehen hatte. Der Zeuge hatte die Polizei alarmiert, und die Kollegen hatten ihn zur Identifizierung der gesuchten Person mitgenommen. Die beiden Polizisten brachten Zurwehme auf direktem Wege zum Revier.
Endstation! Wir hatten ihn!"
Gerhard stößt die Luft aus. Noch heute ist ihm die Erleichterung anzumerken.
Es war der 18. August 1999, 20.00 Uhr. Die Flucht Zurwehmes war zu Ende. Nicht nur die Polizei war endlos erleichtert – wie ich in den Zeitungen von damals gelesen habe, atmete die gesamte Republik auf!
Die Flucht Zurwehmes endete völlig unspektakulär. Auf einer Straße in Greifswald wurde er ohne jegliche Gegen-

wehr festgenommen. Ganze Hundertschaften hatten nach ihm gesucht, und nun wurde er von zwei Polizeibeamten einfach so auf der Straße aufgegriffen. Es hieß, er sei körperlich völlig am Ende und über seine Festnahme fast erleichtert gewesen.

Mich interessiert natürlich, wie es dann weiterging – wie die Nachricht Koblenz erreichte und wie sie dort aufgenommen wurde.

„Die Festnahme von Dieter Zurwehme verbreitete sich wie ein Lauffeuer.

Auch bei uns im Koblenzer Polizeipräsidium schlug sie wie eine Bombe ein. Alles war in heller Aufregung, meine Kollegen und ich konnten es nicht fassen. Die Mordkommission war mittlerweile bereits personell verkleinert worden, neben der Fahndung nach Zurwehme musste das alltägliche Arbeitsaufkommen bewältigt werden: Ermittlungen in Banküberfällen, Überfällen auf Geldinstitute und Geldtransporte. Hinzu kamen Ermittlungsersuche von auswärts und ungeklärte Tötungsdelikte.

So waren wir auch an diesem Tag wieder in unsere Arbeit vertieft, als uns nach vielen Fehlschlägen die Nachricht erreichte, dass Dieter Zurwehme endlich festgenommen worden sei.

Skepsis stellte sich ein: Die achtmonatige Fahndung sollte endlich am Ziel sein … wirklich? Wir hatten so viele Fehlschläge erlebt, so oft waren unsere Hoffnungen enttäuscht worden, dass wir es zuerst gar nicht glauben wollten. Konnte es nicht sein, dass sie vielleicht doch den falschen Mann festgenommen hatten? Wir telefonierten mit den Kollegen in Greifswald: Handelte es sich tatsächlich um Zurwehme? Doch, sagten sie uns, er war es, er musste es sein! Ein Irrtum schien damit ausgeschlossen, und wir hätten die ganze Welt umarmen können!

Als Nächstes wurde die Staatsanwaltschaft verständigt. Ein Gespräch mit dem LKA folgte, in dem das weitere Vorgehen abgesprochen wurde. Es war klar, dass die Vernehmung Zurwehmes in Koblenz stattfinden musste. Dann ging es um Fragen des Transports. Mit der Polizei in Greifswald wurde die Möglichkeit besprochen, Zurwehme mit dem Hubschrauber nach Koblenz zu bringen. Es waren teils hartnäckige Verhandlungen, die geführt werden mussten, denn schließlich ging es auch darum, wer die Kosten für diesen Transport übernahm. In der Zusammenarbeit der beiden zuständigen Innenministerien kam es schließlich zu einer Lösung, und der Transport per Hubschrauber war rasch beschlossene Sache. Uns glühten die Köpfe, und niemand konnte sich der Hektik entziehen, die mit der Nachricht aus Greifswald so urplötzlich entstanden war. Wir rissen uns am Riemen, mahnten uns immer wieder zur Ruhe, denn alles, was jetzt kam, bedurfte einer detaillierten und souveränen Organisation.

Zwei Kripobeamte aus Koblenz ermittelten damals gerade in einer Mordsache im Bereich Hamburg, waren also dem Ort am nächsten, wo Zurwehme gefasst worden war. Sofort wurden sie jetzt nach Greifswald beordert.

Unter Einsatz sämtlicher Sonderrechte, Blaulicht und Martinshorn, jagten sie quer durch Mecklenburg-Vorpommern, um Zurwehme zu übernehmen. Die beiden Kollegen trafen in Greifswald ein und sahen sich den Gefangenen an: Es war Dieter Zurwehme, da bestand nicht mehr der geringste Zweifel! Erst als ich das von ihnen persönlich hörte, fiel die letzte Anspannung von mir ab. Meine berufsbedingte Skepsis war in diesem Fall also glücklicherweise nicht angebracht gewesen. Erst jetzt überkam mich ein Gefühl von absoluter Erleichterung: Es ist geschafft, der Mörder ist gefasst! Die monatelange Fahndung ist endlich am Ziel.“

„Es muss eine große Genugtuung gewesen sein …“

„Genugtuung würde ich das nicht nennen.“ Ich hätte mir denken können, dass Gerhard diesen Begriff ablehnt, hat er doch offenbar seine persönlichen Befindlichkeiten immer hinter den Beruf zurückgestellt.

„Es war einfach nur das befreiende Gefühl, dass eine große Gefahr für die Bevölkerung endlich ausgeschaltet ist: Die tickende Zeitbombe Dieter Zurwehme war entschärft.“

Gerhard erzählt dann von den aufregenden Tagen, die nun folgten: „Während der eine unserer Beamten am nächsten Tag mit dem Auto zurück nach Koblenz fuhr, begleitete der andere Zurwehme im Hubschrauber.

Es blieb nicht aus, dass die Medien von der Überführung des Festgenommenen erfuhren, und das war ja auch gut so. Natürlich wollte jeder der Erste sein, wollte jeder den anderen übertrumpfen. Die Journalisten zapften sämtliche Kanäle an, die ihnen zur Verfügung standen. Fragen über Fragen prasselten auf uns, die verbliebenen Mitglieder der Mordkommission, ein: ‚Können Sie die Festnahme bestätigen?‘ ‚Was geschieht nun mit Zurwehme?‘ ‚Wohin wird er gebracht?‘ ‚Fahren Sie nach Greifswald zur Vernehmung?‘ ‚Bei welchem Amtsgericht wird er vorgeführt?‘ ‚In welche JVA wird er eingeliefert?‘ ‚Hat er bereits ein Geständnis abgelegt?‘ ‚Wie kommen wir an aktuelle Bilder?‘

Ich konnte die vielen Anrufe schon lange nicht mehr zählen. Doch auch wenn der Stress gewaltig nervte, so erinnerte ich mich doch gerade in diesen Stunden daran, wie sehr die Polizei in den letzten Wochen und Monaten auf die Hilfe der Journalisten angewiesen war. Eine Hand wäscht die andere! Die Fragen der Reporter, und waren sie auch noch so dumm, wurden deshalb geduldig beantwortet. Zahlreiche

Medienvertreter machten sich sofort auf den Weg nach Koblenz, denn inzwischen hatten auch die Letzten von ihnen erfahren, dass der Täter hierher zur zuständigen Kriminaldirektion gebracht wurde. Da Frau Sauer, die einzige Zeugin der Morde, nicht überlebt hatte, waren wir alleine auf die Aussagen des Täters angewiesen. Bei meinen Kollegen und mir stieg die Anspannung: ‚Wie wird sich Zurwehme in den anstehenden Vernehmungen verhalten?' ‚Macht er überhaupt irgendwelche Angaben zu dem, was vor mittlerweile sechs Monaten in Remagen geschehen ist?'
Zwischendurch kamen immer wieder neue Anfragen der Journalisten: ‚Wo genau landet der Hubschrauber?' Uns wurde klar, dass Informationen durchgesickert waren, die eigentlich intern bleiben sollten.
Das Polizeipräsidium befand sich binnen kürzester Zeit im Belagerungszustand. Überall Filmkameras, Mikrofone, Übertragungswagen, Fotoapparate, dazwischen drängten sich die Reporter.
Die Schutzpolizei musste die Ein- und Ausfahrten zu den Garagen des Präsidiums räumen, damit der normale Dienstablauf gesichert blieb.
Unterdessen hatte man sich darauf verständigt, dass der Hubschrauber mit Zurwehme auf dem Flugplatz in Winningen/Mosel landete. In dem Ort, der nur wenige Kilometer von Koblenz entfernt ist, sind die rheinland-pfälzischen Polizeihubschrauber stationiert.
Die Spannung stieg, denn der Zeitpunkt der Landung kam immer näher. Wir schickten ein neutrales Transportfahrzeug mit abgedunkelten Scheiben nach Winningen. Der Presse blieb das wiederum nicht verborgen. Wo der Hubschrauber mit Zurwehme eintreffen sollte, war mittlerweile ebenfalls durchgesickert. Die Jungs von der Presse hatten alle ihre Möglichkeiten ausgeschöpft.

Ein positiver Effekt davon war, dass sich die Hektik vor dem Präsidium ein wenig entspannte, denn ein Teil der Reporter fuhr jetzt nach Winningen.
Schließlich war es so weit: Blitzlichtgewitter vor dem Polizeipräsidium kündigte die Ankunft des Transporters an.
Und dann war er da: Viel war durch die getönten Scheiben zwar nicht zu erkennen, doch hielt das keinen der wartenden Journalisten davon ab, das heißbegehrte Foto zu schießen. Ich konnte das verstehen: Zu lange hatten die Presseleute auf diesen Augenblick gewartet, sechs Monate lang hatte Zurwehme auch sie beschäftigt, da sollten sie jetzt zumindest ein Bild des Wagens mit nach Hause nehmen dürfen, in dem der Gesuchte saß.
Wenig später konnten wir dann erneut durchatmen: Es war geschafft! Zurwehme war ohne Zwischenfälle in die Diensträume des Präsidiums gebracht worden. Endlich konnten wir Ermittler mit unserer eigentlichen Arbeit, der Vernehmung, beginnen!"
Ich fürchte schon, dass Gerhard hier mit seinem Bericht enden will. Er klappt seinen Ordner zu und macht ein Gesicht, als ob er mir sagen will: „So, das war's!" Dabei brennt mir doch mindestens noch eine Frage auf den Lippen: „Und dann hast du ihn sicher bald zu Gesicht bekommen. Welchen Eindruck hat Dieter Zurwehme auf dich gemacht?"
„Keinen guten. Man sah es auf den ersten Blick: Zurwehme war offensichtlich mit seinen Kräften am Ende. Im Vergleich zu den Bildern, die meine Leute zu Fahndungszwecken herausgegeben hatten, war er nicht wiederzuerkennen. Fast unvorstellbar für uns, dass dieser Mann ein ganzes Land in Angst und Schrecken versetzt hatte. Er war nicht groß und wirkte auch nicht sehr kräftig. Zurwehme war völlig

abgemagert, die lange Zeit der Flucht und die Angst vor der Festnahme hatten ihn gezeichnet. Seine Stimme klang nicht unsympathisch, ‚männlich', würde ich sagen, auch wenn sie nicht ganz tief war. Zurwehme sprach hochdeutsch, wobei ein leichter Ruhrpott-Akzent herauszuhören war. Möglicherweise war es seiner Erschöpfung geschuldet, dass er sich gleich bereit erklärte, eine Aussage zu machen: Als wollte er nur seine Ruhe haben und das Verhör auf ein Minimum verkürzen, gestand Zurwehme in wenigen Worten, die ich nie vergessen werde: ‚Ja, ich habe diese vier Menschen getötet.' Er schien fast froh zu sein, dass er endlich festgenommen worden war. Ebenso wie bei uns Ermittlern war mit der Verhaftung offenbar auch von ihm eine Last abgefallen – wenn auch aus anderen Gründen. Das Leben in Angst vor der Polizei war endlich vorbei, und der auch für den Mörder gewaltige Stress war überstanden! Bei den ersten Verhören machte er den Eindruck, als würde er sich nur auf regelmäßige Mahlzeiten freuen und die Möglichkeit, nun endlich ausschlafen zu können."

Wie schon zuvor, so zeigt sich mir auch jetzt wieder Gerhards Fähigkeit zur Empathie. Hin und wieder glaube ich sogar, ein gewisses Verständnis für Zurwehme herauszuhören – zumindest in dieser speziellen Situation.

„Verständnis … ich weiß nicht", sagt er, als ich ihn darauf anspreche. „Aber natürlich hat die lange Zeit der Verfolgung auf eine gewisse Weise etwas Verbindendes mit sich gebracht – auch wenn wir auf unterschiedlichen Seiten standen. Da war schon allein der Abgleich von Daten, Tage, an denen wir an diesem Ort gesucht haben, Zurwehme aber ganz woanders war. Wenn du so willst: Wir hatten uns in den vergangenen Monaten viel miteinander beschäftigt, wir mit seiner Vorgeschichte und seinen möglichen Plänen, er mit der Strategie der Polizei. Trotzdem kam bei keinem von uns so etwas wie Mitgefühl für ihn auf. Uns war jederzeit bewusst, dass wir es hier mit einem der größten Schwerverbrecher der deutschen Nachkriegsgeschichte zu tun hatten. Dennoch war es wichtig, Vertrauen aufzubauen. Denn nur, wenn Zurwehme Zutrauen zu uns fasste und nicht nur die ‚doofen Bullen' in uns sah, gelang es uns, alles von ihm zu erfahren, was wir wollten. Glücklicherweise hatte der Kollege, der ihn im Hubschrauber begleitet hatte, einen recht guten Draht zu ihm gefunden. Er war es dann auch, der den Großteil der Vernehmung durchführte."

Gerhard erzählt, dass die Befragung Zurwehmes mehrere Tage lang dauerte. Immer wieder sei er dafür aus der Justizvollzugsanstalt zur Dienststelle gebracht worden.

„Die Belagerung von Polizeipräsidium und Amtsgericht durch die Presse hielt dabei unvermindert an. Zurwehme schien den Rummel um seine Person zu genießen. Auch das Gespräch mit den Kriminalbeamten war ihm offenbar nicht unangenehm.

Der Kollege machte seine Sache richtig gut. Er hatte die Zeit im Hubschrauber genutzt, um Zurwehme etwas offener für uns zu machen. Zwar war das noch kein Vertrauensverhältnis, aber trotzdem hatte der Mann es geschafft, den Fuß in die Tür zu bekommen. Für eine Vernehmung ist das außerordentlich wichtig, denn ein Mann wie Zurwehme kann schnell dichtmachen. Es ist übrigens nicht ungewöhnlich, wenn sich der Polizeibeamte und der Verhaftete bei dieser Gelegenheit duzen. Das ‚Sie' schafft nur unnötige Blockaden. Tatsächlich gelang es unserem Kollegen dann, Zurwehme ‚zu knacken'. Er gab sich redselig und machte wahrheitsgemäße Aussagen. Bereitwillig schilderte er jedes Detail seiner Taten und ließ dabei auch die Vorgeschichte der Morde von Remagen nicht aus."

Weil der eine Polizist die Vernehmung nicht alleine durchführen konnte, waren auch Kollegen anwesend. Gerhard hatte ebenfalls häufig die Gelegenheit, mit Zurwehme zu sprechen.
Kritisch sieht er es, dass das Medieninteresse damals auch ganz andere, unerwartete Reaktionen auslöste:
„Bei den Vernehmungen berichtete Zurwehme mir immer wieder stolz von seiner Fanpost. Viele Frauen würden ihm schreiben, einige wollten ihn sogar heiraten. Tatsächlich hatte Zurwehme offenbar freie Auswahl bei den Damen. Die Kollegen und ich haben in diesem Moment nur ungläubig den Kopf geschüttelt. Wie anfällig waren manche Menschen doch für Berühmtheit – und dann noch eine Berühmtheit unter diesem Vorzeichen! Wir konnten unser Erstaunen – oder eigentlich besser: Entsetzen – kaum verbergen. Ohne darauf zu achten, erzählte Zurwehme, er habe sich auch bereits eine Kandidatin für die Hochzeit ausgesucht. Allerdings habe er ihr geschrieben, sie solle erst einmal zwanzig Kilo abnehmen, bevor er sie heiraten würde."
Der pensionierte Kommissar grinst bitter und muss auch heute noch den Kopf schütteln. Ich kann ihn gut verstehen, meine aber, von ähnlichen Fällen schon gehört zu haben. Offenbar üben Typen wie Zurwehme auf bestimmte Frauen einen gewissen Reiz aus. Der Grund ist auch mir nicht erklärlich.
Ich bitte Gerhard schließlich, mir noch das Ende zu erzählen: Wie ist die Gerichtsverhandlung verlaufen? Wie lautete das Urteil?
„Die Verhandlung begann einige Zeit später vor dem Landgericht Koblenz. Das Interesse an dem Prozess um den ‚Mörder von Remagen' war riesig. Die Medien verfolgten mit Spannung, wie sich Zurwehme vor Gericht

gab und welches Strafmaß er letztlich erhielt. Die Schwurgerichtskammer ließ sich von dem Rummel jedoch nicht beirren.

Der Prozess an sich war relativ unspektakulär.

Zum Glück musste das Mädchen, das Zurwehme in Stadthagen vergewaltigt hatte, nicht vor Gericht erscheinen. Der Angeklagte ließ dazu von seinem Anwalt eine Aussage verlesen." Gerhard holt wieder seine Mappe aus der Tasche. Als er mir wiedergibt, was er damals gehört hat, muss er sich große Mühe geben, damit seine Stimme ruhig bleibt:

„‚Ich stand über ihr, das Blut tropfte nicht, es floss, einen Schmerz verspürte ich zunächst nicht.

Das Mädchen sagte mir, sie wollte nur weglaufen und bat mich sinngemäß, ich solle sie nicht umbringen. Ich sah ihre Verzweiflung und die Trauer in ihren Augen. Ich sagte ihr nochmals, dass ich ihr nichts tue. Ich glaubte, sie hatte Angst, dass ich ihr etwas tue wegen des Trittes. Sie sagte, sie habe das nicht gewollt, sie wollte doch nur weglaufen. Ich sagte zu ihr: Ich ziehe mich an und du ziehst dich ebenfalls an. Wenn ich mich verbunden habe, kannst du gehen. Ich habe mich dann verbunden, meine Sachen genommen, und wir sind ein kleines Stück gegangen. Unterwegs habe ich sie in den Arm genommen, und ich sagte ihr, dass es mir leidtut. Ich sagte auch, dass ich jetzt diesen Weg entlang fahre und dass sie zum Kanal hingehen soll. Weiter sagte ich ihr, dass es mir egal ist, ob sie zur Polizei geht oder nicht. Sie sagte, sie gehe nicht. Ich habe das Mädchen umarmt und mich für mein Verhalten entschuldigt, bevor ich mit dem Rad weiter nach Petershagen gefahren bin, wo ich mich in einer Scheune versteckte.'

Zu den anderen Sachverhalten äußerte Zurwehme sich nicht vor Gericht. Er hüllte sich diesbezüglich komplett in Schweigen.

Ein Gutachter stellte vor dem Prozess fest, dass Zurwehme eine ‚anti- bzw. dissoziale Persönlichkeit' aufweise, die sich über Jahre hinweg als dauerhaft stabil darstelle. Durch den lang andauernden Vollzug – Zurwehme hatte zum Zeitpunkt seiner Flucht bereits 34 Jahre seines Lebens im Gefängnis gesessen – sei seine Persönlichkeit nicht beeinflusst worden. Das bedeutete: Die jahrelange Haft hatte bei ihm keine Auswirkungen gehabt, bei ihm hatte offensichtlich nichts ‚gearbeitet', das zu einer Läuterung beitragen konnte. Deshalb galt Zurwehme als ‚völlig strafunempfindlich'. Seine Straftaten seien egoistisch und nur auf die rasche Befriedigung seiner Bedürfnisse – Geldnot, sexuelles Verlangen – ausgerichtet gewesen. Sie seien Ausdruck seiner antisozialen Haltung. Dies belegten die eingeschliffenen Verhaltensmuster, die sich bei Zurwehme gezeigt hätten.

Laut Gutachten bestand darum ein sehr großes Risiko, dass Zurwehme in Zukunft wieder schwere Straftaten verüben würde. Deshalb müsste er unbedingt als Gefahr für die Öffentlichkeit gelten.

Die Prognose würde bestätigt durch das kriminelle Vorleben des Angeklagten: Die Verurteilungen und die damit zusammenhängenden langen Gefängnisstrafen, zuletzt sogar eine lebenslange Freiheitsstrafe, hätten Dieter Zurwehme nicht davon abgehalten, jeweils bereits kurze Zeit, nachdem er wieder in Freiheit war, weitere Straftaten zu begehen. Diese reichten von Diebstählen und Einbrüchen bis hin zu Tötungsdelikten. Besonders ausschlaggebend für das klare Urteil des Gutachters war die Einstellung des Angeklagten zu seinen Straftaten: Dieter Zurwehme übernehme keinerlei Verantwortung für das, was er getan habe. Stattdessen schiebe er die Schuld Dritten oder den Umständen zu, in denen er sich befunden hätte. Deshalb sei es nicht zu erwarten, dass die kriminelle Energie des Angeklagten mit zunehmendem Alter nachlassen werde. Ganz im Gegenteil: Vielmehr sei aufgrund seiner Persönlichkeit auch in Zukunft mit weiteren erheblichen Straftaten zu rechnen, wenn man ihn nur lasse.

Und nun zum Urteil: Dieter Zurwehme wurde am 8. Juli 2000 wegen Mordes in vier Fällen, Vergewaltigung, versuchten schweren Raubes sowie schweren Raubes in Tateinheit mit Freiheitsberaubung zu einer lebenslangen Gesamtfreiheitsstrafe verurteilt.

Das Gericht stellte die besondere Schwere der Schuld fest und ordnete nach Ablauf seiner Freiheitsstrafe die Unterbringung in der Sicherungsverwahrung an.

Er ist seitdem in der Justizvollzugsanstalt Bochum inhaftiert.

An eine vorzeitige Entlassung ist aufgrund seiner Gefährlichkeit nicht zu denken, auch wenn er inzwischen 75 Jahre alt ist.

In der Haft hat Dieter Zurwehme übrigens tatsächlich geheiratet. Die Auserwählte war eine Kellnerin aus Berlin. Sie war eine von denen, die ihm noch während der Untersuchungshaft Briefe ins Gefängnis geschrieben hatten.

Um seine Frau häufiger zu sehen, hat er später den Antrag gestellt, von Bochum nach Berlin verlegt zu werden. Diesem Antrag wurde nicht stattgegeben. Als seine Ehefrau starb, stürzte er in ein tiefes seelisches Loch. Von seinen Taten will er heute nichts mehr wissen. Jeglichen Kontakt zur Presse lehnt er ab.“ In diesem Moment schlägt Gerhard energisch seine Mappe zu. „So, mein Freund, jetzt weißt du genug von Dieter Zurwehme und mir“, sagt er. „Zurwehme heißt übrigens gar nicht mehr Zurwehme. Er hat den Namen seiner Frau angenommen. Vielleicht wollte er damit endgültig mit dem Kapitel des fünffachen Mörders Zurwehme abschließen."

Der ehemalige Kommissar drängt zum Aufbruch – es ist wohl Zeit für ihn, dass er den Ort verlässt, mit dem ihn so viele schlimme Erinnerungen verbinden. Schweigend gehen wir zum Auto. Es hat aufgehört zu regnen, und die Sonne geht bereits allmählich unter, als wir einsteigen. Ich werfe einen letzten Blick in Richtung des Hauses, in dem die drei Morde geschahen.

„Wie hat dieser Mann hier in Remagen gewütet!" Gerhard, der meinem Blick gefolgt ist, schüttelt nur wieder den Kopf, als er das sagt. „Die arme Stadt wird wohl für immer mit den Verbrechen von Dieter Zurwehme in Verbindung gebracht werden. Aber dafür kommt er niemals mehr in Freiheit. Im Moment sitzt er noch die Haftstrafe für seine alten Verbrechen ab. Die Strafe für die vier Morde beginnt erst in ein paar Jahren."

Nüchtern klingt dies, und tatsächlich höre ich wieder nicht die geringste Genugtuung heraus.

Gerhard lässt den Motor an und wir fahren los. Verlassen den Bahnhof und die Gegend, in der die schrecklichen Taten passierten.

Das Erzählte geht mir nicht aus dem Kopf, wie konnte der Kommissar das verarbeiten?

„Zu Hause hatte ich eine verständnisvolle Partnerin. Zwar durfte ich nicht über Details sprechen, doch sie hat nie nachgebohrt, und mit viel Einfühlungsvermögen schaffte sie es manchmal, dass ich wenigstens einige der Gedanken von mir wegschieben konnte. Ich hätte zwar jederzeit meine Sorgen und Ängste mit ihr teilen können, aber meistens machte ich das ja mit mir aus."

Man müsse sich auf die Sache konzentrieren, sagt Gerhard. Einen kühlen Kopf bewahren.

Auch wenn das in diesem Fall alles andere als leicht war. „Immer wieder kamen neue Schreckensmeldungen. Zurwehme machte das ganze Land unsicher, und wir teilten natürlich die Sorgen der Menschen. Jederzeit konnte er wieder zuschlagen. Dabei hatten wir natürlich auch anderes zu tun. Das Tagesgeschäft wurde, so gut es nur ging, bewältigt. Dennoch war festzustellen, dass oftmals die nötige Konzentration fehlte. Zurwehme geisterte ständig in unseren Köpfen umher."

Was macht ein solcher Fall mit dem Menschen, der auf der anderen Seite des Gesetzes steht? Schon vor Stunden habe ich Gerhard gefragt, ob man in all den Jahren bei der Polizei nicht etwas abstumpft. Dies scheint mir noch nicht ausreichend beantwortet, zu knapp ist er meines Erachtens darauf eingegangen. Jetzt, am Ende dieses langen Nachmittags, stelle ich die Frage erneut, auch wenn ich sie etwas anders formuliere. Vielleicht will ich von ihm, der mir das meiste so emotionslos, so sachlich erzählt hat, einfach nur noch einmal hören, dass sich unter der harten Schale des Polizeibeamten ein Mensch verbirgt, der mitleidet und Gefühle hat wie jeder andere.

Die Antwort fällt jetzt etwas ausführlicher aus: „Ein Polizeibeamter muss das Persönliche außen vor lassen. Er darf Mitleid mit den Opfern haben, aber den Täter nicht hassen, das versperrt nur die klare Sicht auf den jeweiligen Fall. Und wenn er nach Hause kommt, muss er abschalten können. Ebenso wie ein Psychologe zum Beispiel muss er seinen Beruf und sein Privatleben trennen.

Ich habe in meiner langen Zeit bei der Kripo gelernt, die Abscheulichkeiten, die man im Beruf mitbekommt, nicht zu nahe an mich heranzulassen und sie möglichst nicht mit nach Hause zu tragen. Bei Zurwehme war das was anderes: Da war es schier unmöglich.

Immer hatte ich im Kopf, dass er weitere Straftaten, Morde, Vergewaltigungen begehen könnte, und wir, die Polizei, waren machtlos. Dass er uns immer wieder entkommen war, knabberte schwer an mir. Während der gesamten Zeit, in der Zurwehme auf der Flucht war, konnte ich nicht ruhig schlafen. So ging es meinen Kollegen bei der Kripo und im Landeskriminalamt ebenfalls. Auf dem Revier haben wir uns immer wieder versucht aufzubauen, um weiterzumachen, um dafür zu sorgen, dass das Grauen ‚Dieter Zurwehme' endlich aus unseren und den Köpfen der Menschen herauskommt. Als er dann schließlich gefasst war, hatten wir alle ein Gefühl wie Weihnachten: Wir waren überglücklich. Der Spuk war vorbei, Zurwehme würde niemandem mehr etwas antun können. Doch dann kamen schon bald die nächsten unschönen Momente: Die Vernehmungen. Die Details, die dieses Monster dabei preisgab, haben uns alle schockiert. So etwas hatten wir noch nicht erlebt. Da muss es im Menschen doch einfach eine Grenze geben, an der man sich sagt: ‚Bis hierhin und nicht weiter!' Aber das dachten wir auch nur, bei ihm war es anders."

„Wenn man aber ständig versucht, cool zu bleiben und diese Dinge nicht zu sehr an sich herankommen zu lassen, wirkt sich das nicht auch auf den Menschen aus? Wird man dann nicht vielleicht doch etwas härter, als man eigentlich möchte?"

„Man braucht eine gesunde Balance – allzu zart besaitet sollte man nicht sein, wenn man sich für den Beruf des Kriminalpolizisten entscheidet. Sonst geht man irgendwann kaputt daran. Man muss sich immer sagen: Das ist ‚nur' der Beruf. Nichts persönlich nehmen, nach Möglichkeit nichts mit nach Hause nehmen! Darunter leidet nur das Privatleben, und zwar sehr. Was glaubst du, wie viele Ehen wegen dieser enormen Belastung schon zerbrochen sind? Auf der anderen Seite muss ein Kriminalpolizist selbstverständlich auch mitfühlend und einfühlsam sein, vor allem dann, wenn es darauf ankommt.

Wenn Angehörigen die Nachricht des Todes eines Verwandten überbracht wird, ist natürlich immer großes Mitgefühl dabei. Bei Vernehmungen musst du dich in den Verbrecher hineinfühlen, nur dann kannst du ihm gezielte Fragen zu seinen Verbrechen stellen. Auch wenn das bei den Details, die da ans Licht kommen, schwer ist. Man muss sich darauf einlassen. Und: Man muss Vertrauen aufbauen. Auch zu jemandem wie Dieter Zurwehme."

Ein Vertrauensverhältnis zu einem Vergewaltiger und vielfachen Mörder? Das stelle ich mir schwierig vor. Einem solchen Mann kann ich doch nicht vertrauen. Einem Menschen, der derart schreckliche Dinge getan hat und so viel Leid in die Welt gebracht hat, kann ich doch nicht ein so hohes Gut wie Vertrauen entgegenbringen. Das lässt mich nicht los. Das ist mir nicht begreifbar.

„Doch, genau das muss man", widerspricht Gerhard mir vehement. „Ohne Vertrauen wäre die Vernehmung eines vielfachen Mörders wie Zurwehme überhaupt nicht möglich. Er muss merken, dass er dir vertrauen kann, auch wenn er vorher ein halbes Jahr lang vor dir und deinen Kollegen geflüchtet ist. Und das kann er wiederum nur, wenn du ihm ebenfalls vertraust. Wenn er weiß, dass du ihm glaubst und dass du ihn nicht sofort verurteilst."

„Wenn du das so sagst, wird vielleicht ein Schuh daraus …"

„Ich weiß, dass es schwer ist, das zu verstehen. Aber gegenseitiges Vertrauen ist die unbedingte Voraussetzung für eine erfolgreiche Vernehmung. Bei meinen Kollegen und mir kam dieser Moment des Vertrauens, als sich Zurwehme von den Strapazen der Flucht erholt hatte. Als er sich etwas regeneriert hatte, wurde er nach und nach so etwas wie ‚zutraulich', und wir waren froh darüber. Ich erinnere mich, dass er einmal den Wunsch äußerte, er würde so gerne ein halbes Hähnchen essen und ein Bier trinken. Wir taten ihm den Gefallen, und er war uns äußerst dankbar dafür! Das zahlte sich bei der Befragung wiederum aus.

Später zeigte er dann noch mehr Vertrauen, als er uns voller Stolz die Briefe und Bilder seiner Verehrerinnen präsentierte."

„Das zeugt schon von einem ziemlich guten Draht zueinander", sage ich leicht grinsend.

„Richtig. Und das war gut so. Der Kollege, der mit Zurwehme geflogen war, hatte die ersten Kontakte geknüpft, und er führte demzufolge auch die ersten Vernehmungen. Später, als die Vertrauensbasis ausgebaut war, wechselten dann schon einmal die Besetzungen. Wir waren immer zu zweit, plus Schreibkraft."

Unsere Fahrt führt uns am Rhein entlang. Die Sonne ist mittlerweile fast untergegangen. Gerhard ist wieder bei dem, was ihn bei dem ganzen Fall am meisten geärgert – der Bewilligung von Zurwehmes Freigang.

Auch ich habe bei meinen Recherchen zu dem Fall bereits gedacht, wie es sein konnte, dass ein Mann wie Zurwehme Freigang erhielt und er so erst die Taten von Remagen begehen konnte. Was ist da schiefgelaufen?

Diese Frage lässt auch Gerhard nicht los.

„Wie kann es sein, dass die Gutachten Zurwehme keine psychischen Auffälligkeiten zuschreiben und sich dafür aussprechen, ihn – zumindest vorübergehend – auf freien Fuß zu lassen, obwohl das so eine absolute Fehleinschätzung war, wie man gesehen hat?

Er war doch nicht erst später ‚egoistisch und auf rasche

Befriedigung seiner Bedürfnisse ausgerichtet', wie es der Sachverständige vor Gericht gesagt hat." Gerhard schüttelt den Kopf. „Er hat sich einfach genommen, was er wollte, und das ohne groß nachzudenken. Einfach nur wie ein Tier. Seine Taten kamen dann letztlich aus der Panik heraus, wieder zurück ins Gefängnis zu müssen. Deshalb die eiskalten Morde, deshalb das brutale Töten von Menschen, die ihn gesehen hatten. Das alles hätte nicht sein müssen: Was später der Gutachter im Prozess gesagt hat, wieso wurde das nicht erkannt, als Zurwehme im Gefängnis saß? Darauf kann ich mir einfach keinen Reim machen.

Man muss aus heutiger Sicht und nach der Auswertung der Akten aus Nordrhein-Westfalen schlicht und ergreifend sagen: Die Morde von Remagen hätten verhindert werden können."

Ein vernichtendes Urteil für die Psychologen von damals, das Gerhard da fällt. Vier Menschen hätten nicht sterben müssen, wenn die Fachleute nicht danebengelegen hätten!

„Sowohl die Staatsanwaltschaft als auch die Polizei haben sich gegen die entsprechenden Gutachten ausgesprochen und versucht, die Vollzugsmaßnamen nicht zu lockern. Es ist ihnen nicht gelungen", regt Gerhard sich auf. Dann atmet er tief durch und ist einen Moment später wieder der besonnene Polizeibeamte: „Natürlich führen Schuldzuweisungen zu nichts. Und schließlich ist die damalige Beurteilung ja auch nicht mit böser Absicht so abgegeben worden, auch wenn sie falsch war. Letztlich war es allein Dieter Zurwehme, der dieses Unheil angerichtet hat. Offenbar konnte sich niemand vorstellen, wozu dieser Mann fähig ist. Doch ich habe nach wie vor großes Verständnis dafür, dass man ratlos den Kopf schüttelt, wenn man sich die Ausführungen von damals durchliest."

„Ich könnte mir denken, dass so etwas auch an der eigenen Berufswahl rüttelt ...“, merke ich so vorsichtig wie möglich an.
Zu meiner Überraschung fällt die Antwort sehr eindeutig aus: „Selbstverständlich tut es das. Gerade im Fall Zurwehme. Macht das, was ich hier tue, überhaupt noch Sinn? Wenn die Polizei alles daran setzt, einen Verbrecher hinter Gitter zu bringen und er dann wenig später erneut morden kann! Ich habe oft darüber nachgedacht. Letztlich kam ich aber immer wieder zu dem Schluss, dass mich auch solche Ärgernisse niemals von diesem Beruf abbringen könnten. Ich würde ihn auch aus heutiger Sicht noch einmal wählen.“ Er lächelt und fügt hinzu: „Und bei der Mordkommission habe ich mich richtig wohlgefühlt.“
Das klingt irgendwie seltsam. Wie kann man sich bei der Mordkommission wohlfühlen? Man hat doch nur mit Schwerverbrechern zu tun, mit Leichen, mit Blut.
„Ja, das mag für dich schwer zu verstehen sein. Ich habe mich dort wirklich gut aufgehoben gefühlt. Bei der Mordkommission wird zu Ende ermittelt, da gibt man nicht auf, bevor die Wahrheit ans Licht gekommen und der Täter gefasst ist. Das war das, was mich gereizt hat an der Arbeit. Ok, es gab Schattenseiten, die unberechenbare Arbeitszeit und natürlich die Anwesenheit bei den Obduktionen. Das braucht nun wirklich kein Mensch. Doch das muss ja nun mal leider sein. Denn nur so kann man die Todesursache und die Tatwaffe ermitteln. Und daraus können wieder Schlüsse auf den Täter gezogen werden. Hinzu kommt der unglaubliche Teamgeist bei der Mordkommission: Natürlich waren die langen Ermittlungen im Fall Zurwehme sehr mühselig, geradezu belastend, nicht nur für mich und meine Familie – bei den Kollegen war es doch genauso. Aber das schweißte uns zusammen: Niemand fragte nach

den vielen Überstunden, niemand beschwerte sich über die Wochenenden, an denen wir arbeiten mussten. Jeder war für jeden da! Wir alle wussten: Nur wenn wir Hand in Hand arbeiteten, wenn jeder von uns bis an seine Grenzen ging, dann konnten wir Zurwehme dingfest machen. Der musste hinter Gitter – für immer! Das war unser gemeinsames Ziel."

„Das habt ihr dann ja auch geschafft ..."

„Nicht nur in diesem Fall. Wir hatten insgesamt schon eine hohe Erfolgsquote, das darf ich sagen, ohne angeben zu wollen. Was mich an diesem Beruf so fasziniert hat: Bei der Mordkommission gibt es keine Abwägungen oder Kompromisse. Jeder Fall wird professionell und akribisch unter die Lupe genommen, jede Spur wird verfolgt. Bis der Täter gefunden und seiner gerechten Strafe zugeführt wird."

Ich werde stutzig: „Ist das denn woanders nicht so?"

„Nicht überall ist das zwangsläufig der Fall. Da spielen oft Kosten-Nutzen-Erwägungen eine Rolle. Bei Verkehrsdelikten wird nicht immer bis zu Ende ermittelt. Nun handelt es sich dort auch häufig um Bagatelldelikte, und vor allem: Sie sind verjährbar. Mord nicht. Mord kann nicht verjähren. Deshalb müssen wir einen Fall verfolgen, bis der Täter gefasst ist. Oder bis wir zumindest wissen, dass er keinen Schaden mehr anrichten wird."

Ich verstehe. Doch kommt mir in diesem Moment in den Sinn, dass in ihrem Eifer manchmal auch Polizisten Schaden anrichten, wie der Fall des erschossenen Wanderers gezeigt hat.

„Das war furchtbar damals", sagt Gerhard, als ich das Gespräch noch einmal darauf bringe. „Mein ganzes Team war geschockt. Keine neue Horrormeldung von Zurwehme, sondern eine Horrormeldung von unseren Kollegen aus

Thüringen. Das war eine schlimme Sache. Doch wir konnten ja nichts daran ändern."
Er stößt schwer die Luft aus, ich spüre seine Betroffenheit.
„Gewiss war das auch eine Folge der öffentlichen Aufregung, des enormen Ermittlungsdrucks, der durch die Medien noch weiter erhöht wurde. Doch was wollten wir tun? Wir waren bei der Jagd auf Zurwehme schließlich auch auf eben diese Medien angewiesen. Sie hatten ja im Fall Zurwehme eine besondere Rolle gespielt. Fast täglich wurden neue Informationen aus dem Fall preisgegeben, und fast täglich wurden die Menschen aufgefordert, Hinweise an die Polizei weiterzugeben. Von der regelrechten Informationsflut waren wir fast überfordert. Damit hatten wir nicht gerechnet. Denn einen solchen Fall hatten wir noch nicht bearbeiten müssen.
Viele Hinweise liefen ins Leere und waren entweder auf die Panik in der Bevölkerung zurückzuführen oder auf die Motivation, die 10.000 DM zu erhalten, die für Hinweise auf Zurwehme ausgelobt worden waren.
Doch letztlich war es eben einer dieser Hinweise, durch den Zurwehme ergriffen werden konnte. Und dann stand da dieser gefährliche Gewaltverbrecher vor uns, der Mann, der ganz Deutschland in Angst und Schrecken versetzt hatte: Ein Häufchen Elend. Kaum wiederzuerkennen. Die Flucht hatte eben nicht nur an uns genagt."
Gerhard muss lächeln. „Mir fällt ein, dass wir ihm in einer der ersten Vernehmungen eine Dönertasche gaben. Den Wunsch danach hatte er den Kollegen gegenüber geäußert. Er stürzte sich mit einem regelrechten Heißhunger darauf, und ich hatte das Gefühl, dass er schon wegen dieses Döners froh war, festgenommen worden zu sein."

„Dabei ging es ihm doch eigentlich einmal um nichts anderes als um seine Freiheit ...“
„Ursprünglich ja. Doch aus den Vernehmungen ging hervor, dass die Flucht ihm sehr zu schaffen gemacht hatte.“
Ob er denn wenigstens einen Anflug von Reue gezeigt hat, will ich wissen. Gerhard schüttelt den Kopf. „Ich hatte den Eindruck, als würde dieses Gefühl in seinem Repertoire überhaupt nicht vorkommen. Er hatte wohl lediglich eingesehen, dass das Töten der beiden Ehepaare völlig sinnlos gewesen war. Auch wenn es für ihn – in seinem Denken und in der damaligen Situation – keine andere Möglichkeit gegeben hatte, als sie zu töten.
Dass er sich selbst damit alle Chancen für sein restliches Leben verbaut hatte, wurde ihm auf seiner Flucht klar, denke ich. Aber Reue ist etwas anderes. Und wenn er bei seiner Vernehmung sagte, dass der Knast ihn lebensuntüchtig für die Freiheit gemacht hätte, so bedeutete das doch nur, dass er schon wieder andere für seine Taten verantwortlich machte: Die Justiz, die Umstände, den Gefängnisaufenthalt. Ich bin darum leider nach wie vor der festen Überzeugung, dass ein Mensch wie Zurwehme niemals Reue zeigen wird. Er begreift nicht das Ausmaß dessen, was er getan hat. Deshalb würde er es wieder tun. Ganz genauso wieder.“
Was Gerhard sagt, macht Sinn. Zurwehme ist ein Gewaltverbrecher. Er hat über zwanzig Jahre in Haft gesessen – weil er eine Frau umgebracht hat. Und dann flieht er – und bringt erneut vier Menschen um. Und nicht nur das – ich denke an Stefanie ...
Nicht nur für mich ist die Logik solcher Verbrechen nicht nachvollziehbar, sondern wohl auch für jeden normal denkenden Menschen. Warum er so und nicht anders gehan-

delt hat, erschließt sich vielleicht nicht einmal Zurwehme selbst.
Menschen wie Gerhard Starke stehen auf der anderen Seite. Sie wissen, wie ein Mörder tickt. Er erzählt während der Fahrt von anderen Fällen, von weiteren schlimmen Erfahrungen, die er als Kriminalpolizist gemacht hat. Einmal musste er sogar eine Hochzeitsfeier verlassen, weil er zu einem brutalen Mordfall gerufen wurde. Eine Frau war auf furchtbare Weise umgebracht worden. Es kam oft vor, dass er es mit ermordeten Frauen zu tun hatte. Manchmal wurden diese vor ihrem Tod auf grausamste Art und Weise misshandelt.
Gerhard musste sich fast täglich mit solchen Fällen beschäftigen. Das war sein Metier. Aufgrund seiner enormen Erfahrung konnte er sich meist schnell ein Bild von den Tätern machen. Wie ticken sie? Was treibt sie an?
Mordermittler wie er blicken so nüchtern wie möglich in Abgründe, die sich ihnen immer wieder aufs Neue auftun. So auch bei Zurwehme.
Was hat ihn angetrieben, immer wieder Frauen zu vergewaltigen. Und sogar ein Mädchen, das über vierzig Jahre jünger war als er? War es wirklich nur der reine Sexualtrieb? Ging dieser nicht auch einher mit einer grenzenlosen Verachtung gegenüber dem weiblichen Geschlecht?
Ich weiß aus den Gesprächen von vorhin, dass dies für Gerhard ein sensibles Thema ist. Der eigene Vaterinstinkt spielt dabei sicher eine gewisse Rolle.
Als wir wieder auf Stefanie kommen, wird Gerhard ausnahmsweise sehr emotional:
„Zurwehme ist eben ein Schwein. Ein perverses Schwein."
Ich greife auf, was er mir in Remagen berichtet hat: Dass Zurwehme auch homosexuelle Erfahrungen gemacht hat.

Doch wieso hat er nur Frauen vergewaltigt? Warum hat er ihnen überhaupt etwas angetan?
„Er war von Frauen enttäuscht. Ich bin kein Psychologe, doch ich glaube, es lag an seiner Herkunft. Er war adoptiert. Seine Mutter lernte er nie kennen. Vielleicht hegte er ihr gegenüber gewisse Hassgefühle. Außerdem hatte er auch keine großen Erfolge bei Frauen. Er beschrieb zwar, dass er keine Probleme hatte, Frauen anzusprechen, doch beim Geschlechtsakt funktionierte es nicht." Was ich höre, klingt plausibel. Zurwehme war frustriert, fühlte sich als Versager und rächte sich deshalb an den Frauen, indem er sich holte, was er wollte und sie dabei total erniedrigte. So könnte es tatsächlich gewesen sein.
„Dieter Zurwehme ist halt einfach kein zivilisierter Mensch", fügt Gerhard aufgebracht hinzu. „Eben höchst triebgesteuert und nicht fähig, mit anderen Menschen zusammenzuleben. Erst nach fünf Morden hat er im Knast ja dann geheiratet - nach allem, was er getan hatte, wurde er plötzlich gutbürgerlich. Da gehörten natürlich zwei dazu, aber es gibt sie immer wieder: Frauen, die für Verbrecher, Mörder, Räuber, Vergewaltiger, schwärmen. Und die sie sogar heiraten wollen.
So auch in diesem Fall. Je größer das Verbrechen, umso stärker scheint der Reiz zu sein, der von einem solchen Mann ausgeht. Ich habe dir von den Liebesbriefen erzählt, mit denen er sich gebrüstet hat." Gerhard macht eine abwertende Handbewegung.
„Mir war das damals ehrlich gesagt ziemlich unangenehm. Für mich war und ist er nicht mehr als ein von niedersten Instinkten gesteuerter Mörder. Warum manche Frauen so etwas gut oder sogar attraktiv finden, wird mir immer ein Rätsel bleiben. Ist es wirklich die Popularität oder steckt vielleicht auch ein diffuses Fürsorgebedürfnis dahinter? Ich

weiß es nicht. Wie seine Ehe verlief, kann ich ebenfalls nicht sagen. Ehrlich gesagt, es interessiert mich auch nicht. Ich habe nur gehört, dass seine Frau vor nicht allzu langer Zeit gestorben ist und dass Zurwehme deshalb tief unglücklich war und immer noch ist. Nun hat er selbst einmal den Schmerz erfahren, den er sonst nur anderen zugefügt hat. Mitleid kann er von mir keines erwarten. Die Hände reibe ich mir deswegen aber auch nicht. Ich bin einfach nur froh, dass das Kapitel Dieter Zurwehme endgültig vorbei ist."

Die Sache mit Zurwehmes Frau macht mich nachdenklich. Ein Mann, der ein solches Unheil über so viele Menschen gebracht hat, der fünf Menschen das Leben genommen und es vielen weiteren zur Hölle gemacht hat – dieser Mann soll tieftraurig sein können, wenn seine Frau stirbt? Gibt es also doch vielleicht eine andere Seite des Dieter Zurwehme? Die des Menschen mit normalen Gefühlen? Und wenn er dazu fähig ist, warum besitzt er dann nicht die Vorstellung von dem, was richtig und was falsch, was gut und was schlecht ist? Ein kaltblütiger Mörder, der ganze Familien zerstört hat, soll nun unglücklich sein wie ein ganz normaler Witwer, der seine Frau verloren hat ...

„Das musst du nicht verstehen", sagt Gerhard. „Ich verstehe es auch nicht. Nichts ist einfach auf dieser Welt, schon gar nicht das Hirn eines Mörders."

Gerhard hat Recht: Wir müssen nicht alles verstehen und werden auch nicht erfahren, was in diesem Mann vorgeht. Zurwehme lehnt jedes Gespräch ab, auch mit uns, wie wir wenig später von der JVA Bochum erfahren.

Als ich mich nach unserem Treffen in Remagen noch einmal über Zurwehme informiere, stoße ich auf einen Zeitungsartikel, der den Prozess schildert.

Der Bruder eines der Opfer war bei der Verhandlung im Gerichtssaal. Es heißt, er sei nicht wütend auf Zurwehme

gewesen. Er habe nur gewollt, dass der Verbrecher seine gerechten Strafe erhalte. Und wenn nicht auf Erden, dann solle der Herrgott das bitte richten.
Die Taten von Zurwehme können nicht rückgängig gemacht werden. Doch er wurde dafür bestraft. Er sitzt hinter Gittern und kommt niemals mehr in Freiheit. Vor allem nach dem Tod seiner Frau will er nichts mehr mit der Welt zu tun haben, vergräbt sich und liest viel. Ob ihm dabei vielleicht auch das ein oder andere über sich selbst in die Hände fällt? Fast möchte man es ihm wünschen.

Die Autoren

Mauritius Kloft, Jg. 1995, wuchs mit drei Brüdern in Kölbingen (Westerwald) auf. 2015 machte er in Limburg Abitur und erhielt dazu den Geschichtspreis der Stadt Limburg. Seit 2015 besucht er die Kölner Journalistenschule für Politik und Wirtschaft. Daneben studiert er an der Universität Köln das Fach Volkswirtschaft sozialwissenschaftlicher Richtung. Er wirkte an mehreren Buchveröffentlichungen mit.

Gerhard Starke, Kriminalhauptkommissar a.D., war 33 Jahre bei der Mordkommission Koblenz tätig. Auftritte u. a. bei „Aktenzeichen XY“ (ZDF), „Kommissare Südwest“ (SWR) und Fahndungsakte" (SAT1). Buchveröffentlichungen (gemeinsam mit Christoph Kloft): „Mehr werdet ihr nicht finden“ und „Ich musste sie töten“. Außerdem entstand in Kooperation mit Marie Luise Blanke der Band „Sie hat einfach nicht aufgehört“.

abgrundtief !

Gerhard Starke /
Marie Luise Blanke
Sie hat einfach nicht aufgehört
Authentische Fälle eines Mordermittlers.
220 Seiten. 19,5 x 12,5 cm. Broschur
ISBN 978-3-89796-260-6
11,90 Euro

In Westerburg wird eine hilfsbereite Witwe mit einem Hammer erschlagen, eine junge Frau in Elkenroth regelrecht abgeschlachtet, in Dierdorf steckt eine Grillgabel in der Stirn der Toten. – Brutale Kapitalverbrechen, die sich im Westerwald, am Mittelrhein und in der Eifel zugetragen haben.
Gesammelt von Kriminalhauptkommissar Gerhard Starke während seiner 33-jährigen Arbeit als Mitglied der Mordkommission Koblenz. Zu spannenden und authentischen Geschichten verarbeitet von Marie Luise Blanke – und immer auch mit dem Blick auf so manches Skurrile an einer Situation, das trotz allen Grauens gelegentlich durchscheint.
Zwanzig Fälle, die auf wahren Begebenheiten basieren, menschliche Abgründe offenbaren und mitreißende Einblicke in den aufwühlenden Arbeitsalltag eines Ermittlers gewähren. Bluttaten, die scheinbar alltäglich daherkommen, die überall und jederzeit geschehen könnten ...